願いが叶う！・人生が変わる！

「引き寄せの法則」

すごい引き寄せ！研究会

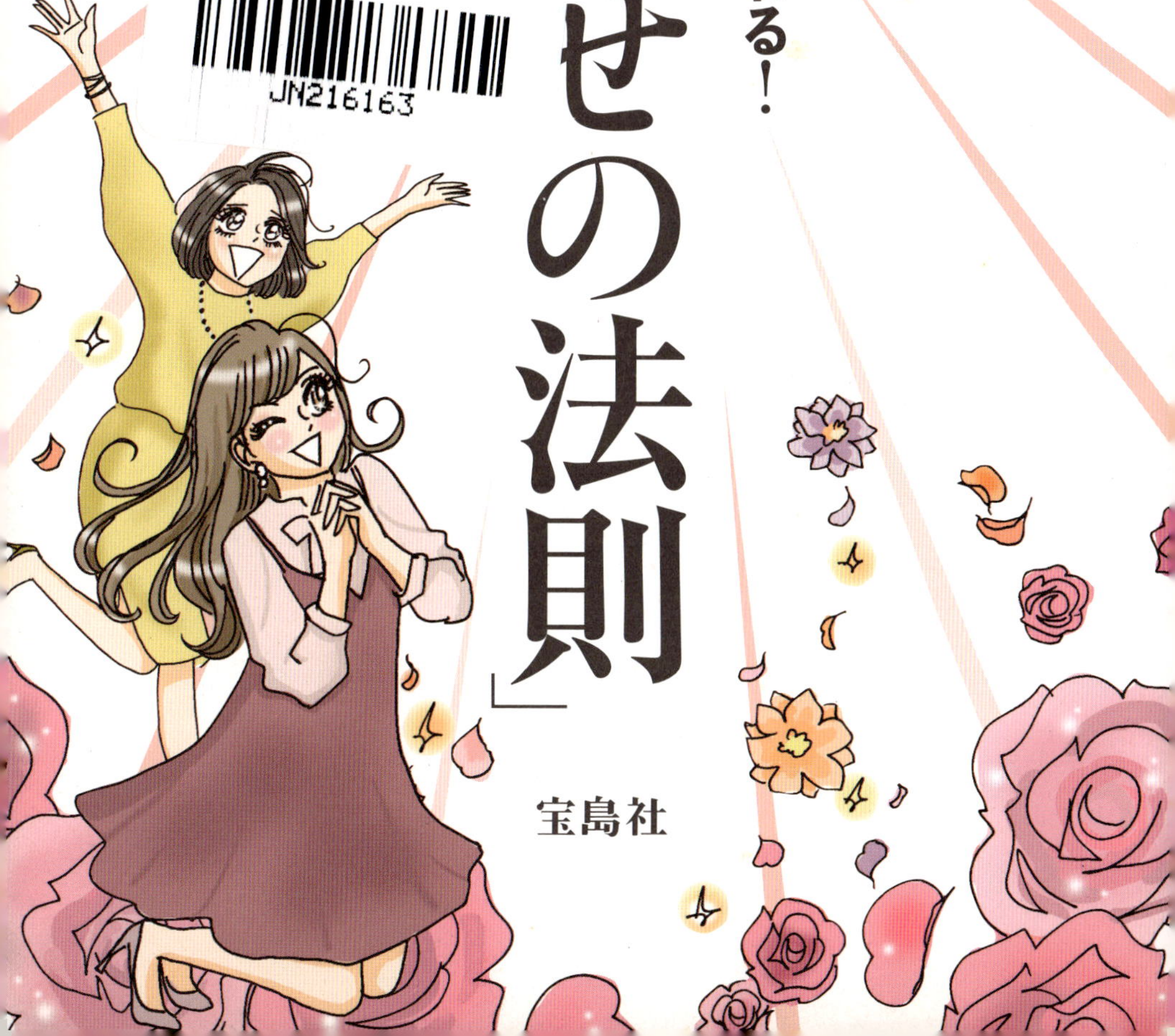

宝島社

はじめに

「引き寄せの法則」って知っていますか？

今のあなたの気分や思考と同じ現実を引き寄せる
幸せになるための普遍的な宇宙の法則です。

あなたが毎日ワクワクした気分で過ごしていると
ワクワクする出来事を引き寄せます。
あなたが毎日イライラした気分で過ごしていると
イライラする出来事を引き寄せます。
これが引き寄せの法則の、たったひとつの真理です。

イラストレーション＝いいあい

最近、「引き寄せ」って頻繁に聞くので
興味はあるけれどよくわからない。
やってみたいけれど
何から始めていいかわからない……。

「どうせ私なんか、引き寄せの法則で
幸せになれるはずがない」

「小さな望みしか引き寄せられない」

「ネガティブだし、愚痴が多いから向いてないのかも」

「教える人によって、少しずつやり方が違うみたい。

どれが正しいのかわからない」

と、引き寄せがうまくいかないと思っている人。

もっともっと「引き寄せの法則」を使いこなして
いろいろなものを引き寄せたい！
恋もお金も仕事も、思いのままの
人生をつくりたいと思っている人。

これまで引き寄せの法則を知らなかった人も
今までうまくいかなかった人も
もっとうまく使いこなせるようになりたい人も
大丈夫！

この本であなたにぴったりの
「引き寄せの法則」がきっと見つかります。

自分に合ったコツがつかめたら
やりたい仕事ができたり
人間関係がよくなったり
欲しいものをもらったり
理想の恋人ができて結婚したり
大金を手に入れたり……と

さまざまに願いが叶って
日常はバラ色に変化します！

さあ、この一冊の中に
幸運を引き寄せるカギを見つけにいきましょう！

もくじ

願いが叶う！ 人生が変わる！「引き寄せの法則」

カバー・扉イラストレーション＝菜々子

奥平亜美衣さんの「引き寄せの法則」の基本

「思考が現実化する」がスッキリわかる！　引き寄せの基本の〝き〟をマスターしましょう。

イラストレーション＝菜々子

「引き寄せの法則」はこの世を楽しむための最高のツール

引き寄せの法則は、簡単にいえば、**今の自分の思考・感情・気分と同調するものを引き寄せる**という法則です。

引き寄せの法則というと、「モノやカネを引き寄せるぞ！」という強欲なイメージを持つ人もいるかと思います。願望実現の手段としてだけ捉えている人もいるでしょう。

しかし、そういった側面は、引き寄せの法則のほんの一部でしかありません。引き寄せの法則は、あなたのすべての現実に関わっています。この法則を意識して活用すると、毎日がもっと明るく、楽しくなり、イキイキと人生を送ることができるのです！

ここがすごい

わかりやすさナンバーワン！

こんな人におすすめ

「引き寄せの法則」を知らない人
初めての人

実は、**幸福や安らぎ、豊かさや充実感など、あなたが求めてやまないものを、あなたはすでに持っています**。外に求めていかなくても、すべてあなたの中にあるのです。

どうやって確認できるのかといえば、**あなたの思考次第で、現実に現れてくる**のです。

つまり、あなたが幸せを感じていれば幸せを引き寄せて、豊かさを感じていれば、豊かさを感じる出来事を引き寄せます。具体的にどんなことが起こるかは、おおむね予想がつくこともあれば、予想もつかない方法で起こることもあります。

ですが、**最も大事なことは、「今、自分で幸せを感じる」ということ**です。


本来、引き寄せの法則は少しも難しいものではなく、**自分の望みに素直になって、できるだけ毎日いい気分で過ごすと、望みが現実になっていくというシンプルなルール**ですね。

特別な人だけができる、特別な法則ではありません。私も決してスピリチュアルな特殊能力を持った人間ではありません。ほんの数年前にスピリチュアルの世界に興味を持っただけの普通の人間です。

ですからどんな人も、引き寄せの法則を正しく理解し、継続していけば、現実は間違いなくその人にとってよい方向へ変わっていきます。

まだよくわからないな、という人も大丈夫です。上手に活用するために必要な最初のステップをお伝えしますので、一緒に見ていきましょう。

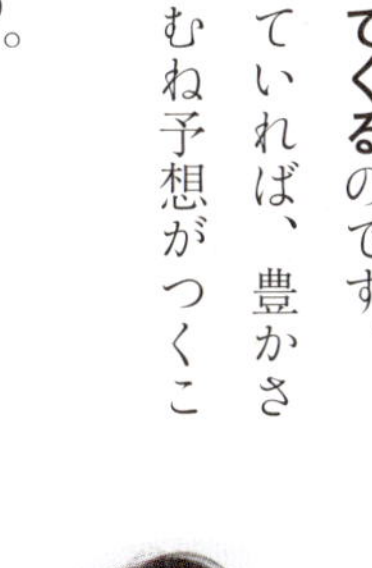

奥平亜美衣
Amy Okudaira
作家。１９７７年、兵庫県生まれ。お茶の水女子大学卒業。２０１２年に『サラとソロモン』（ナチュラルスピリット）と出会い、「引き寄せの法則」を知る。「引き寄せの法則」の経験を伝えるべくブログを立ち上げたところ、わかりやすい引き寄せブログとして評判になり、１年で出版という夢を叶える。初の著書『「引き寄せ」の教科書』（アルマット）をはじめ、著書はすべてベストセラーとなる。２０１５年にバリ島に移住し、執筆を中心に活動している。

「引き寄せの法則」のしくみ

ここで少しだけ「目に見えない世界」のお話をさせてください。こういった本を手にとってくださる人は、すでにそのような世界に詳しかったり、信じている人も多いと思いますが、一方で「目に見えない世界」を信じられない人もいるかもしれません。それでも無理に理解しようとしなくても大丈夫です。**引き寄せの法則は万人に働いている**からです。

ただし、どんなしくみで思考が現実化するのかを知っておくと、引き寄せの法則の理解を深め、使い方の習得も早くなる場合がありますので、説明しておきます。

目には見えないのですが、私たちの周りには宇宙からエネルギーがいつでも流れてきています。

地球上にいるすべての人間から動物、植物、微生物に至るまで、生命のすべては、このエネルギーのおおもとにつながっています。

ここで深入りはしませんが、そのおおもとは「神」「ソース（源）」「サムシング・グレイト」「大霊」「一なるもの」とさまざまな呼ばれ方をしています。

このエネルギーは、常に愛と豊かさに満ち満ちています。つまり、この宇宙には愛や豊かさしかなくて、私たちには常にそのエネルギーが注がれているのです。そのエネルギーをたくさん受け取ることができれば、なんの不安もなく幸せで豊かでいられるのですね。

とはいえ、「その通り！　私はいつでも愛と豊かさをいっぱい感じていつも幸せです」という人にはめったにお目にかかれません。それはなぜでしょうか？

下の図を見てください。すべての人間は、頭の上にザルのようなものがあるとイメージしてみてください。このザルの目は、広がったり、詰まったりします。広がると愛や豊かさのエネルギーをたっぷりと受け取ることができますが、目が詰まっているとなかなか受け取れないのです。

いい気分でいると幸せなエネルギーを受け取れる

何によってこのザルの目が広がったり詰まったりするのかといえば、**その人が感じている感情、つまり気分次第**なのです。

ザルの目は、あなたが「楽しい」「うれしい」「感謝」「満足」「幸せ」などのよい気分でいるとたくさん開きます。

あなたが「つらい」「苦しい」「ムカつく」「不安」「悲しい」など不快な気分でいると閉じてしまうのです。

よい気分の状態というのは、心に余裕があり、幸せな状態です。幸せを感じられる状態というのは、宇宙のエネルギーと同調しているから引き寄せ合うともいえます。

逆に悪い気分の状態というのは、宇宙のエネルギーの「愛」という本質とは大きく離れるため、混じり合うことができず、分離してしまいます。すると、余計に幸福からは離れていってしまうことになります。

ですから、日常で少しでも「よい気分」でいることを選ぶことがとても大事になってくるのですね。

思考が現実化するのはなぜ？ 顕在意識と潜在意識

頭上のザルを少し詳しく見てみましょう。実はこのザルは二重構造になっています。ザルの下側に、浸透膜のようなものがついているイメージをしてみてください。

この浸透膜の上側にあるのが潜在意識、下側にあるのが顕在意識と呼ばれるものです。

顕在意識とは、あなたがいつも考えていて、認識できる思考です。「あれ食べよう」「早く掃除しなくちゃ」「ステキな服だな」などなど、頭で考えたり、思ったりすることですから、日中人が起きている間は特に忙しく働いています。

潜在意識とは、無意識とも呼ばれる領域です。日常において私たちは認識することができませんが、実は、**目の前の現実を創り出しているのは、この潜在意識にある思考**なのです。

私たちは普段、顕在意識であれこれ考え、思考を生み出していますが、顕在意識にある思考はすぐには現実化されません。考えたことのすべてが現実化されるわけではないですよね。

しかし、何度も何度も繰り返し、同じ傾向の思考が生み出されて、顕在意識の中である程度の濃度になり、あなたの中で疑いのない状態になると、浸透膜からだんだんと潜在意識のほうへその思考が浸透し、潜在意識として固定され、現実化していくのです。

たとえば、あなたはダイエットに何度も失敗していることが悩みだとします。

そういうあなたは、私はダイエットできない」と繰り返し思っていますよね？　そして現実にダイエットに失敗しているわけですよね？

これを意識の側から説明してみましょう。顕在意識で繰り返し「私はダイエットできない」と思っていたから、あなたの中でそれが当然なんだという状態になり、潜在意識にその思い込みが浸透。「ダイエットに失敗している自分」が現実化されて、それを体験している、となります。

ほかの例を挙げてみましょう。あなたは、何年もお付き合いしているパートナーがいて「プロポーズしてくれない」ことを不満に思っているとします。

あなたが何年もの間繰り返し「まだプロポーズしてくれない……」と思っていることで、あなたの中でパートナーは「プロポーズしない人」というのが当たり前の状態になります。その思い込みが潜在意識に浸透したことで、パートナーは「プロポーズしてくれない人」としてあなたの目の前に現実化されているのです。

どうですか？　思考が現実化するというのは、こういうことなのです。

現時点で、**人生はあなたの「望み通り」にはなっていないかもしれませんが、「思い通り」には、なっている**ということがわかってきませんか。

思い通り＝望み通りにするには？

では、「思い通り＝望み通り」になるにはどうしたらよいでしょうか。

それは思考と望みのエネルギーの周波数が一致している状態になることです。そのためには、一番初めにお伝えしたように、自分の外側の何かを得て幸せになったり、豊かになったりすると考えるのではなく、まず自分の内側を幸福感や豊かさで満たし、できるだけ「よい気分」でいる必要があるのです。

自分から発信するエネルギーを、いつもできるだけいい状態にしておく。

誰でも、自分はよい気分なのか、イヤな気分なのか、よくも悪くもなく普通なのだとか、わかると思いますが、そのよい、悪いといった気分は何によって決まると思いますか？

それは実は、「**あなたが考えていること**」によって決まります。

多くの人は、自分の身に起こった出来事や、他人が自分に対してとった言動によって気分

が変わると思っているかもしれません。しかし、そうではないのです。

たとえば、仕事でとてもイヤなことがあって悶々《もんもん》としていたとき、友達が映画に誘ってくれた。映画を観て、帰りに友達とお茶をしている間は仕事のことを忘れ、楽しい〝今ここ〟の経験に思考が向いていたとしたら、あなたはいい気分になれます。

「仕事でイヤなことがあった」という事実は決して変わっていませんよね。でも、**あなたの思考の向け方次第で、「よい気分」にも「イヤな気分」にもなれる**のです。


また、現実で特に何も起こっていないにとしても、何かをイメージするだけで、あなたはよい気分にもイヤな気分にもなれます。

たとえば、あなたが南の島にバカンスに行きたいと思っているとします。休暇がとれて1か月間過ごせると想像したら、つい顔がニヤけて、いい気分になりませんか？

反対に、あなたが採用試験を受ける準備をしていて、面接官に予想外の質問をされてうまく答えられず、しどろもどろになってしまう自分を想像したら、起こってもいないのに冷や汗が出るかもしれませんし、とてもイヤな気分になってしまいますよね。

これは、あなたの気分が、起こった出来事ではなく、**自分が選んだ思考によって決まる**ということなのです。ですから、**意識的になるべくいい気分を選択していくことが、望む現実を引き寄せる力を高めてくれます**。

何かよいことが起こらないと、楽しくない、幸せを感じられないと思っている人も多いと思いますが、実際は、朝のすがすがしい空気を吸ったり、夕焼けの美しい空を見たり、炊きたてのおいしいごはんを食べたり、友達と楽しく会話をするだけで幸せを感じることはできますね。

引き寄せの法則というと、現実をあっという間に変えてしまうと思っている人もいるようですが、**本当の引き寄せの法則は、小さな幸せ探しの積み重ね**なのです。

自分にないものは引き寄せられない

毎日をできるだけ「よい気分」で過ごすことのほかに、もうひとつ、引き寄せの法則を上手に活用する方法があります。

あなたが願いに遠慮せずに素直になっていることです。

ノートや手帳に願望をリストアップすることを、引き寄せの法則ではよくおすすめしていますね。そういったことも、どんどんやってみるといいと思います。

誰でもよりよく生きたい、こうしたい、ああしたいという望みを持っていて、それは自然なことです。人は小さいことから大きなものまで、意識的にも、無意識的にも、常に宇宙に対して何かしらの望みを放っているともいえます。

実は、宇宙に望みが放たれると、それは願望と受け止めて、実現の方向へ動き出します。

「でも叶ってない夢や願望がたくさんあるわ」と思っているかもしれません。

たとえば、「1億円あったらいいな」と誰しも一度は考えたことがあるかもしれませんが、あなた自身が「そんなの叶うわけない」という思考を持っていたら、叶いません。

この「そんなの叶うわけない」「どうせダメ」「できっこない」「なれっこない」という思考を**抵抗**と呼びます。

宇宙は願い事受付センターですから、どんな願い事も受け付けはしてくれます。でも、それが現実化するには、あなた自身の許可がいるのです。あなたの中に抵抗があると許可が下りません。

しかし、現実でお金に困っているときに、「お金持ちで豊かになると信じなさい」と言われて、心から信じ込める人のほうが少ないと思います。抵抗が出て当然です。

基本ですが、できないこと、無理なことをする必要はありません。自分が納得できないことをしても、余計に抵抗が強くなります。

中には、イメージングが大得意で、抵抗なくすーっと願望を潜在意識までストレートに届けられる人もいますが、いきなり「自分はお金持ちで豊かだ」と信じることが無理なのであれば、あなたがすることは、**自分の信じられる範囲で、今の暮らしの状態より、少しだけ気分のよくなることを見つける**こと。

「生活はちょっと苦しいけど、食べるものには困ってないな」「家族みんな健康でありがたいな」など、「**気分のよくなる考えを探す**」ことを意識してみてください。

気をつけてほしいのは、「生活が苦しい」で思考が終わってしまうと、「生活が苦しい」現実が続いてしまうということ。そこに「**気分のよくなること**」を**プラスして思考を生み出すと、どんどん現実がよくなるスピードがアップ**してきます。その積み重ねで、いつの間にか楽しい時間が増えてきたり、気づいたら望んでいたものが手に入ったりという現実がやってくるのです。

引き寄せの考え方で最も重要なことですが、とにかく、**自分にないものは引き寄せられないのです。**自分が現実を創っているからです。ですから、今の経済状態を改善したければ、まず今の状態の中によいところを見つけて、その中に幸せを見つける必要があるのです。

そうすると、そこで感じた幸せが、次の幸せを必ず連れてきてくれます。

誤解のないようにお伝えしておくと、このやり方は、現状のよいところで満足しなさい、「足るを知りなさい」と言っているわけではありません。

本当の喜び、楽しさ、幸せ、豊かさ、そして自由の追求のほんの第一歩なのです。終わりはありません。自分の望みに対して、好きなだけ自由に追求していくことができます！

まずは初めの一歩が肝心です。小さなことからぜひ試してみてください。

亜美衣流

引き寄せ力アップ習慣

よい気分でいられる思考を選択する

疲れたり、イヤなことがあったり、悩みや不満を考え続けていたら、一度ストップ。空を眺めるとか、お茶を飲む、音楽を聴くなど、自分がリラックスして、よい気分でいられる小さなことをやってみましょう。

日常の小さな幸せを意識して探してみる

日常の小さな幸せは、感謝の視点があると意識しやすくなります。たとえば、コンビニのおにぎりが、どういう経緯で自分の手元まで届くか考えてみると、実に多くの人の力に支えられているかがわかり、感謝が湧いてきます。

自分のよいところを探す

「どうせ私なんて」と、自分の中に抵抗が多くあると、望んだ現実を受け取る力が弱くなります。自分くらい、自分のことを都合よくみてあげましょう。自分を容認することができるようになると、他人を受け入れる器も広がります。

本当の願いを知る

たとえば、夫婦関係に悩んでいるとしたら、「ぎくしゃくした関係がイヤ」ということに思考をとどめず、「一日一度はハグしたい」とか、本当はどうなりたいかを考えましょう。それが本当の願いです。

「引き寄せ」の教科書 復刻改訂版

奥平亜美衣 著

Clover出版

2017年1月発売／1,944円（税込）

「引き寄せ」がスッと腑に落ちる実感が得られるガイド本！

「引き寄せ」の実践トレーニング

奥平亜美衣 著

宝島社

2014年11月発売／1,512円（税込）

「引き寄せ力」を磨いて、望みを叶えるための考え方と実践のコツ。

水谷友紀子さんの

手帳に書くだけで願いがぐんぐん叶う！

毎日使う手帳でかんたんに引き寄せができます。願いが予定になってやってくる手帳術とは？

イラストレーション＝キモト エリ

ここがすごい

願い事が予定になってしまう
チャンスをつかみやすくなる

こんな人におすすめ

手帳を使っている人
忙しい人

なぜ手帳に書くと願いが叶うの？

手帳は仕事からプライベートまで個人によって使い方はさまざまですが、毎日肌身離さず持っている人がほとんどだと思います。もし携帯することが少なければ、ぜひ手元にご用意ください。活用しない手はありません。

今はスケジュール管理をしているだけかもしれませんが、新年からはそこに願い事や、気分が上がること、ときめくこと、気になることなどを書き込んでおくと、平凡な日常におもしろいことが起こり始めます！　あなたの欲しいものがどんどん予定通り引き寄せられてくるのです。この「引き寄せ手帳」ですることは大きく2つです。

①願い事リストを作る

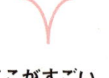

②マンスリースケジュールに、「こうなったらいいな」という願望を予定として書き込んで、未来に宣言！

①の願い事リストに形式はありません。フリーページに、買い物リストを作るように、したいこと、欲しいものを全部書き出します。自分の心の中にどんな望みがあるのか、目に見える形になって意識できることが大事です。

そして、今回特におすすめしたい方法が②の「こうなったらいいな」をマンスリースケジュールに先取りして書き込むこと！（次のページで図解をしています）

現実の都合は関係なく、手帳に願望をあらかじめ書いてしまうと、「いいな〜」と思っていた夢もただの夢ではなく、現実の予定になります。するとおもしろいことに、現実のほうが「そうなるのね」と追っかけてくるのです。「こうなる！」と宣言して書き込むことで、潜在意識に望みが届きやすくなるからです。

あなたの本当の願いは、ちゃんと潜在意識経由で宇宙に送られ、現実に返ってくるようになるでしょう。

日々なんとなく過ごしていては、本当にもったいない！　おばあさんになって「あれもやりたかった。これもやりたかった」と思っても取り返しがつかないかもしれません。

もっと自分主体になって、手帳をマネージャーにし、自分の時間と向き合ってみていただきたいなと思います。

水谷友紀子
Yukiko Mizutani

ハートのコーチ。「引き寄せ」の達人。1963年、神奈川県生まれ。ミズーリ大学ジャーナリズム学部卒業。国会議員公設秘書、市議会議員（2期）などを経験。2011年に出版された処女作『誰でも「引き寄せ」に成功するシンプルな法則』（講談社）がいきなりベストセラーとなる。現在は、執筆活動のほか、講演、セミナー、個人コーチングなどで全国を飛び回っている。

マンスリースケジュールを使った引き寄せ術

予定のない日は、下段に「こうなったらいいな」という予定を自由に書き込みます。

現実に予定がある日は、その日をどう過ごしたいか、「こうなったらいいな」を書いてみましょう。

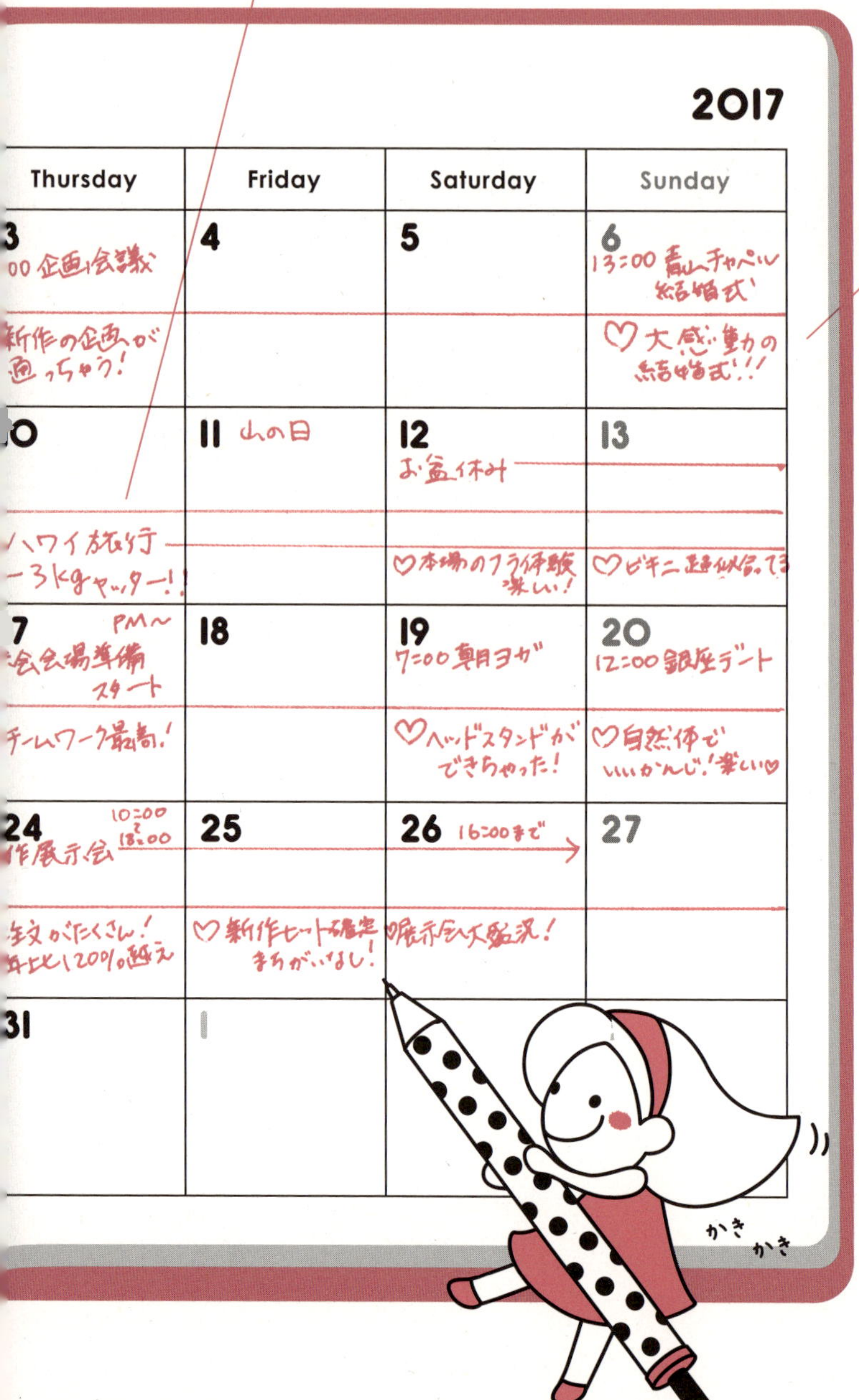

「こうなったらいいな」を書き込んで、望む未来を引き寄せましょう！
ボックスを2段に分けて使います。一般的なスケジュール管理と未来の宣言をイメージして書き込んでいきます。

手帳は「ワクワク」「楽しく」「ニタニタ」しながら書き込むようにしていると、そのような未来を想定して、現実が動き始めます。

下段は、上段の予定に合わせて「こうなったらいいな」と思う未来の宣言を書きます。

上段はいわゆる一般的なスケジュールを記入します。人と会う、仕事やプライベートの予定などを記入します。

August
8
Monday
Tuesday
Wednesday
31
1
14:00 A社でプレゼン
♡プレゼン大成功
2
企画書作成
7
13:00グループミーティング
♡最近のイイコトをシェアして好感UP
8
19:30 英会話
♡英語の発音ほめられちゃう
9
かきかき
14
♡オーガニックコスメすっごくお得にゲット
15
♡大満足の旅行だった
16
21
22
23
28
16:00？
部長と面談
♡よし！英語力アピール成功！
29
30
19:00 Mちゃんとごは
♡スマイル全開★幸せな恋バナ楽

上段と下段を分けるかわりに2色のペンで書き分けたり、頭にマークやシールを貼ると違いがわかりやすくなります。

「手帳で引き寄せ」のポイント

手帳を使いこなせるようになると、引き寄せの法則がスムーズに働き始め、自分にとって最高の現実ばかりを宇宙が見せてくれるようになります。

手帳の選び方

♥どんな手帳でもOK

今回はボックスタイプのマンスリースケジュールで書き方をご紹介しましたが、バーチカルでも、ダイアリーでも形式は自由です。使いやすいものを選んでください。

♥ワクワクする手帳を選ぶ

ぜひお気に入りの手帳を見つけてください。選ぶのに迷ったら、「この手帳に書いたことが叶ったら、どんな気分かな」と想像してみましょう。ワクワクするものを選ぶと、書き込むのも楽しくなります。

書き方のコツ

♥望みは「現在形」または「現在完了形」で書く

望みを書き出す言葉は、必ず現在形の「〜しています」、または現在完了形「〜しました」にします。

たとえば、新しいバッグを望むときは、「新しいバッグをすでに手にしている自分」を想像して書きます。文章は「私は今、新しいバッグを持っています」とか、「私は新しいバッグを手に入れました」というふうにします。「バッグ」という単語だけ書いておいてもOKです。

♥できるだけ具体的に書く

望みはできるだけ具体的に書くほうが、潜在意識に一直線に届きます。アイテムであれば、どんな色、形、大きさ、ブランドなど、イメージしやすいものが◎。

♥望みが叶ったときの気分をイメージで味わう

「こうなったらいいな」と未来の予定を書いたら、その望みが叶ったときの気分を十分味わいましょう。そのワクワク感を書いておくのもおすすめです。たとえば、大事なプレゼン会議の予定がある日には、自分がイキイキと発表しているイメージをして、「プレゼン大成功！ ヤッター」と書いてみます。

♥小さな望みも書き出しましょう

比較的簡単で、「わざわざ書かなくてもいいんじゃないの？」と思うようなことも、書き出しましょう。たとえば、「朝気持ちよく目覚める」「ランチのパスタがおいしかった」というようなことです。小さい喜びを習慣化できると、引き寄せ力が高まります。

♥絶対叶うと信じて書く

願いを書き出すときは、絶対に叶うと信じ、みじんも疑わないことです。サンタクロースにプレゼントをお願いする子供のように無邪気にお願いしましょう。ピュアな気持ちが潜在意識に届きやすいからです。

♥叶ったら感謝しましょう

手帳は、時々見直してみましょう。すべての願いを覚えてはいられませんが、改めて見直すと、「そういえばこの前叶ったわ！」と後から気づくことが案外多いもの。叶ったら、宇宙に感謝を。感謝のエネルギーは高次元。ポジティブな循環が生まれます。

書き方のNGポイント

✕期限を区切らない

期限を区切らない理由は2つあります。ひとつは日付がプレッシャーのように感じる人が多いためです。もうひとつは、宇宙はあなたにとって最高のタイミングで望みを叶えてくれるものだからです。何か望みがあると、一刻も早く叶ってほしいと思うものですが、宇宙はすべてを見通しています。なかなか叶わないときはそのほうがあなたにとって、いいということなのです。期日は忘れて安心して宇宙にお任せするのがベストです。

✕ネガティブな言葉を使わない

潜在意識は否定形の言葉を理解できません。「失敗しませんように」といった、心配や不安から生まれる祈りの言葉は、潜在意識には「失敗したい！　失敗したい！」と伝わるもの。否定形の言葉は使わないようにして、「うまくいく！」と素直に望みを書き出しましょう。

みるみる願いが叶う
引き寄せ手帳のつくり方
水谷友紀子 著
宝島社／2016年4月発売／1,404円（税込）

「願い」を予定として設定！ いつも使っている手帳が「引き寄せ手帳」に早変わり。

丸井章夫さんの

ノートの神様にお願いして幸運を引き寄せる

3万人を鑑定してきた運命カウンセラー直伝、願いが叶うノート術！

ノートを書く人は必ず成功する

私は日頃、運命カウンセラーとして、心理カウンセリングや手相・西洋占星術などを使って、さまざまな方の悩みに向き合っています。

その中のある特定の人たちは、いつも快活で、人生に対して前向きで成功している様子です。会社員でありながら本を出版していたり、たった一人で年収1億円を稼いでいたり、たくさんの従業員を抱える会社の経営者だったり……。成功の仕方はそれぞれですが、皆さん、いつも決まって「あるもの」を携帯して私の元にやってきます。それがノートなのです。

ノートに一体、どんな成功の秘密があるのか――。

辿《たど》りついた答えは、**ノートには神様がすんでいる**ということでした。

そう思うに至った背景には、自分自身が中学生の頃から、願い事をノートに書いてきたこ

ここがすごい

手軽なので習慣にしやすい

こんな人におすすめ

書くことが好きな人
いろいろなことが長続きしない人

とがあります。自己啓発書に刺激され、お試し感覚で始めたのですが、中学生時代、陸上の選手をしており、「市の大会で団体の総合優勝。県大会で個人入賞」と書いたところ、肉離れをして約1年練習がまともにできない時期があったにもかかわらず、最終的に、市の大会で団体優勝、県大会では個人の5位入賞を飾ることができました。

社会人になってからも継続して書き続け、脱サラしたいという夢を持ったときは、独立後のイメージを想い念じてからノートにしっかりと書いたおかげで、スムーズに退職でき、起業も順調でした。私だけでなく、クライアントさんも続々と願望を達成しています。

あなたも達成したい夢があるなら、ぜひノートに書いてみましょう。書くことの効果の中で、私がぜひお伝えしておきたいのは、**ノートにはセルフイメージを上げる力がある**ということ。人間は自分が望んだ通りの結果を実現することができるものです。そのためには、セルフイメージを変えることが欠かせません。

どんなふうに書けばいいかというと、ノートの神様に質問をします。質問にはよい質問と悪い質問があります。たとえば、「私は年収１０００万円になれますか？」。これはあまりよくありません。「私が年収１０００万円になるために必要なことはなんですか？」。こう質問すると、自分がすでに年収１０００万円になることを信じている前提になります。

「自分を信じる」、それができると、飛躍的にセルフイメージは上がります。

「できる」「できない」ではなく、目標を叶えるための質問をすることで、「これをする」「あれをする」「これが必要」「あれが必要」と、おしなべて答えが「出現する」のです。

丸井章夫
Akio Marui

運命カウンセラー。ノート研究家。手相家。心理カウンセラー。国際ポジティブカウンセリング協会代表理事。１９７２年、秋田県生まれ、愛知県在住。明治大学政治経済学部卒業。幼少期より人間心理と精神世界に興味を持ち、19歳よりプロとして鑑定を始める。以来、20年間にわたり、のべ3万人を超える実績がある。現在、開運ノート術セミナーを各地で開催し、ノートの指導を行っている。

ドリームノートの書き方

これは未来の自分の夢や願望を達成していくためのノートです。
書くことで、潜在意識に願望をプログラミングできるのです。
そして、願望が刻み込まれるとその願望は現実化します。

書くときのポイント

毎月最低1回書き込む
・願い事はいくつ書いてもよい。
・具体的で、発展性のある事柄にすること。
・毎月1日、もしくは新月の日に書き、満月の日に振り返る（1日は現代でも神社に「朔日《ついたち》参り」に行く人が多いように神聖な日。また古来、新月、満月には神様の力が強まり願望成就しやすいといわれている）。

早く達成したいことは、15回書く

人生の究極の目標を書く
自分だけが幸せになるのではなく、周りの人たちも幸せになる目標がおすすめ。

情感たっぷりに書く

直筆で書く
筆記用具を使うと、潜在意識にアクセスできるという仏眼《ぶつげん》（親指の第一関節付近にあって目のように見えるところ）を自然に刺激し、潜在意識に思いが届きやすい。

雑談を書く

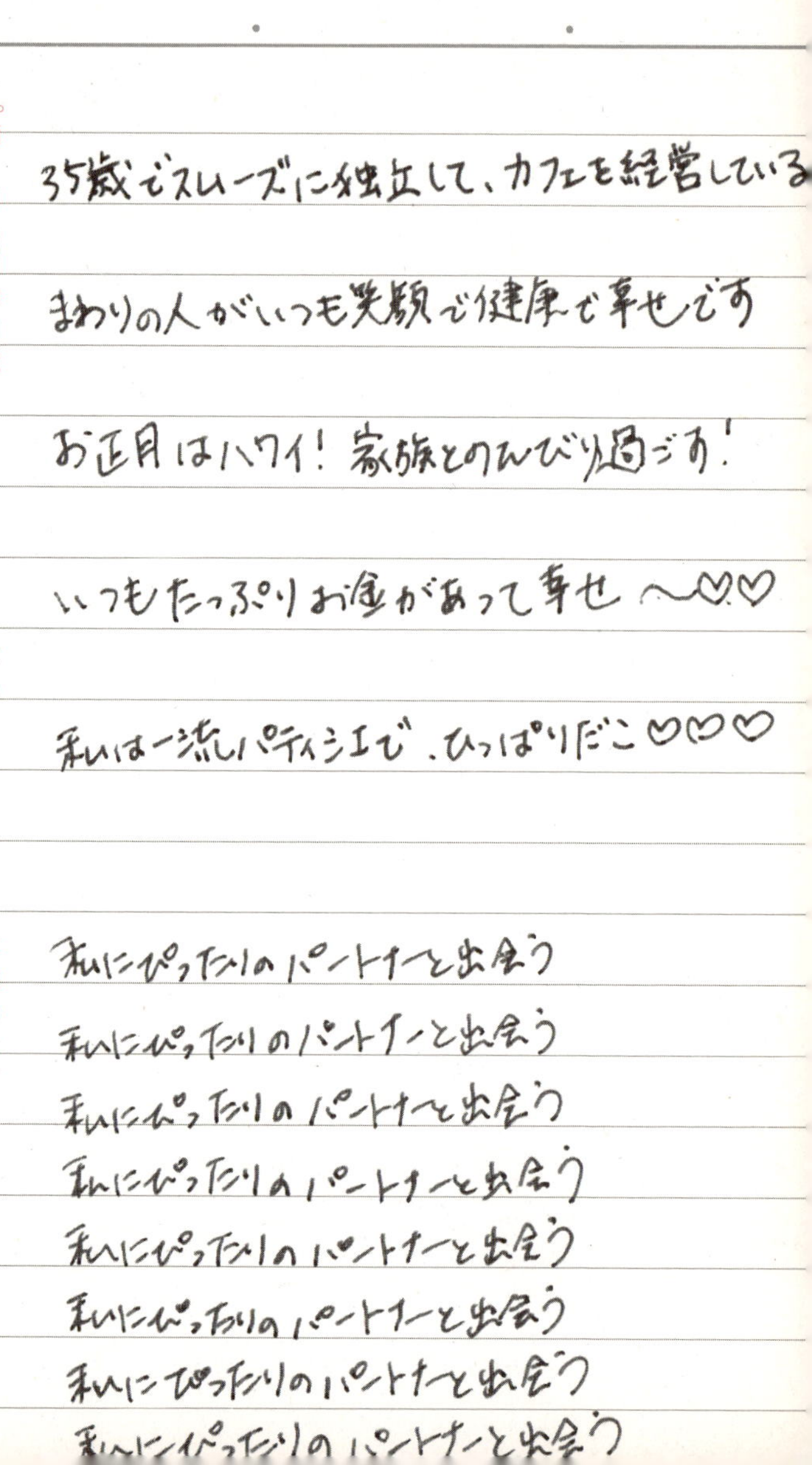
35歳でスムーズに独立して、カフェを経営している
まわりの人がいつも笑顔で健康で幸せです
お正月はハワイ！家族とのんびり過ごす！
いつもたっぷりお金があって幸せ〜♡♡
私は一流パティシエで、ひっぱりだこ♡♡♡
私にぴったりのパートナーと出会う
私にぴったりのパートナーと出会う
私にぴったりのパートナーと出会う
私にぴったりのパートナーと出会う
私にぴったりのパートナーと出会う
私にぴったりのパートナーと出会う
私にぴったりのパートナーと出会う
私にぴったりのパートナーと出会う

ノートの神様に好かれる秘訣

★いつも持ち歩く

ノートの神様はノートを大事にすると、自分を大切にしてくれると思ってくれます。

★朝に書く

ノートの神様は、とりわけ「朝」に降臨してくるものです。朝が苦手な人は昼でも夜でも、ノートの神様に来てもらうため、書く前に15分の仮眠をとるといいでしょう。意識的に朝の状態をつくり出すことができます。

★キッチンやカフェ、神棚のそばで書く

ノートの神様は火と水の両方がある場所を好みます。五行※で火は知恵・知識を示し、物事を明らかにします。水も知恵と知識を表します。両方そろうと、相乗効果でアイデアを生じさせてくれます。ほかには、音楽が流れていて、静かすぎない場所もいいでしょう。

※五行は森羅万象のすべてを「木・火・土・金・水」の5元素に分類した中国発祥の教え

★火曜日と水曜日に書く

1日や新月・満月だけでなく、火と水を好む神様は、火曜日と水曜日に来てくれやすいもの。ノートの神様は人間のライフスタイルをよく把握しています。慌ただしい月曜日は神様からのメッセージが受け取りにくい日です。

★空腹時に書く

満腹のとき、体のエネルギーは胃の食べ物を消化するのに必死。ノートの神様からのメッセージが受け取りにくい状態です。眠気も襲ってきたりします。そういう意味で、胃はからっぽのときのほうが神様の伝言を受け取りやすいのです。食べながら書くこともあまりすすめません。

★感謝をする

人は感謝の念を持っていると、波動が高くなり、強烈に夢や願望を引き寄せます。ノートを開くとき、閉じるとき、感謝の気持ちを持って行いましょう。人の悪口や蹴落とすようなことは書きません。自分にその災いが降りかかります。

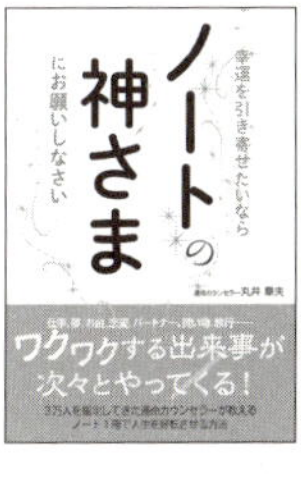

幸運を引き寄せたいなら
ノートの神さまにお願いしなさい

丸井章夫 著

すばる舎／2015年11月発売／1,512円（税込）

3万人を鑑定してきた運命カウンセラーが、ノート1冊で人生を好転させる方法を伝授。

イヴルルド遙華さんの
マインドナンバーで強運体質になる！

恋愛、結婚、仕事、家族問題……。どんな逆境にも負けない、強運体質になるための秘訣が満載！

イラストレーション＝KINUE

自分のマインドの在り方を知るために

強運な人を一言でいうと「ネガティブなことが起こっても、ポジティブに変換できる人」だと思います。生きていると、いろいろなトラブルが起こるものです。そこから少々強引にでも、幸せになれることを探すことが大事です。そうしないで、「私は不幸」「人生最悪」と思っていると、ますます悲劇のヒロイン化が止まらなくなってしまいます。

私は根っからポジティブな性格だと思われがちなのですが、実はそんなこともありません。昔は、周りの人の目を常に気にしているようなタイプでした。人の目を気にすると、本当の自分にフタをしてしまうようになります。そして、他人と自分を比べて、「あの人は頭がよくていいな」「あの娘はスタイル抜群でいいな」とうらやんだりしていました。

ここがすごい

自分らしくいられる
ラクに運気を上げるコツがわかる

こんな人におすすめ

自分の本質を知りたい人
変わりたいと思っている人

でも、病気をして、死にかけたときから考えが一変しました。**「己を生きなくては！」と強く意識し始めた**のです。実は私の中にはすごい反骨精神が眠っていて、それが目覚めて、「何くそ、やってやる！」という思いがふつふつと湧いてきたのです。それを否定せず、素直に認めたら、生きること自体がとてもラクになりました。

「ポジティブでいたいけど、自分に自信が持てない」とご相談を受けることもあります。「自信」は自分を信じると書きますよね。**他人からの評価や見た目だけを着飾っても本当の「自信」は育たない**のではないかなと思います。大事なのはやっぱり自分のマインドの在り方です。自分をどれだけ信じられるかということのほうが絶対大切です。

人は親からの育てられ方や、周りにどう思われているかといった外からの情報に従って、無意識のうちに自分を偽ってしまったり、本当の自分らしさがわからなくなってしまったりしていることがよくあります。

ですが、自分のマインドナンバーを知ると、自分の生まれ持ったキャラクター、つまり本質がわかります。そのキャラクターを生きることが、その人が最も自然に、自分らしく幸せになれる道です。**生まれ持ったキャラクターを生かして進んでいると、運気もよくなり、人と比べることもなく充実した幸福感を得やすい**もの。

人生の選択に迷ったときも、マインドナンバーの性質に立ち戻って、どうすれば自分らしく進めるのか、方向性を教えてくれるでしょう。

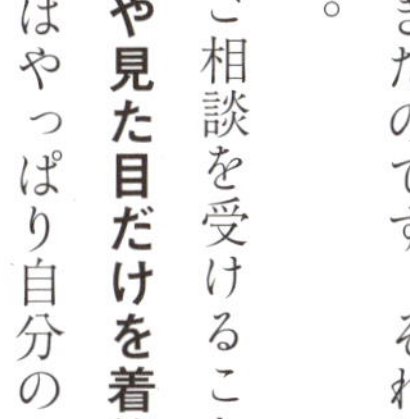

イヴルルド 遙華
eve lourdes haruka

フォーチュンアドバイザー。西洋占星術、タロット、姓名判断、算命学など多くの占いを研究したのち、オリジナルのフォーチュンサイクル占いを考案。人間関係や恋愛に迷う女性たちから、多くの支持を集める。ポジティブな姿勢、愛とパワーにあふれるアドバイス、誰もが元気になれるその鑑定力が口コミでどんどん評判となり、今最も予約がとれない占い師に。東京・代官山に鑑定ルームがある。

自分の
マインドナンバー
を知ろう！

マインドナンバーは、生年月日をもとに算出される、あなただけのナンバー。

ナンバー別にキャラクターが異なり、運命や性格など、あなたが自分らしく生きるために必要な本質的な部分を知ることができます。

計算方法はとても簡単！ 西暦の生年月日を、すべて1桁の数字にして足していくだけです。その数字をさらに1桁に分解し、1桁の数字になるまで足していけばOKです。

例

1983年1月1日生まれの場合、
1＋9＋8＋3＋1＋1＝23
それを分解し、2＋3＝5

マインドナンバーは 5 となります。

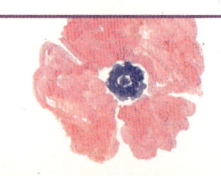

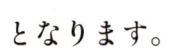

Mind Number

1 Challenger

考えるよりまず「行動」。わが道を切り開く！

同じナンバーの有名人
浜崎あゆみ、梨花
矢沢永吉、長渕剛

開運モチーフ
鍵

何事もチャレンジしてなんぼの人です。「挑戦する」ということを忘れると、途端に自分らしさを失ってしまいます。

幸運を手に入れるために必要なのは「行動」「勇気」「個性」。周りの人になんと言われようとも、自分がやってみたいと思ったことはチャレンジあるのみ。見切り発車してしまうくらいでOKです。もし失敗しても、損したぶんを取り返すぞ！くらいの勢いで再チャレンジすれば、さらに自分らしく輝くことができます。

私自身も「1」なのですが、田舎から都会に出る人が多いナンバーでもあります。いくつになっても「トライしたい」という好奇心が芽生えたら、それを行動に移すことで運気が上がります。大人しく、人の顔色を見て控えめにしているのは本来似合いませんし、運気が下がるので気をつけて。

◎開運ポイント　自立心が強く、マンネリが嫌い。新しいものが好き。開拓精神が吉を呼びます。変化の多い仕事をしたり、新しいことに目を向けたりするとよいでしょう。

Mind Number

2 Magician

イマジネーションを羽ばたかせて、セルフプロデュース！

同じナンバーの有名人
蜷川実花、木村カエラ
マドンナ、ケイト・モス

開運モチーフ
星・虹

創造力が豊かで感覚派のアーティスト気質が多いタイプです。デザイン、文才、歌唱力などクリエイティブな才能にあふれている人が多く、時代の先をいく感性で、世界に新鮮な驚きや喜びを与えることができる可能性を持っています。

広く情報発信をしたり、新しい価値観を理解し、広めることが得意なので、インスタグラムなどSNSとの相性もバッチリです。

積極的にいろいろな場所に出向くことでチャンスが広がり、感性を生かすことに携わることで、ミラクルな体験を引き寄せることもあります。

◎開運ポイント　自分のセンスと可能性を信じて進むことによって運気が上がります。

何事も自分のペース、自分の世界観を見失わずに進みましょう。周りに振り回されてしまうような環境に長くいると運気が下がってしまいます。

Mind Number

3 Teacher

好きなことを見つけて、その道のプロフェッショナルに！

同じナンバーの有名人
宮沢りえ、天海祐希
蒼井優、オードリー・ヘプバーン

開運モチーフ　ペン・本

向上心にあふれる、勉強家が多いタイプです。ズバリ、最大の開運法は、自分の好きな道でプロフェッショナルを目指していくこと。本当に好きな道ならば、いくらでも努力できる根性もあります。

ただし、勉強ならなんでもよいというわけではなく、本当に好きなことを選ばないと、運気が下がって、つまらない人生を歩むことになりかねません。周りに言われたからとか、家業だからという理由ではなく、自分が本当に夢中になれることを見つけ出すことが大切です。

◎開運ポイント　行動力と頭の回転の速さ、高い社交性に恵まれているので、元来仕事ができ、同性・異性問わず憧れのマドンナ的存在の人が多いのもこのタイプ。気品があって、知的で凛《りん》とした美貌の持ち主が多く、人気者ですが、人と人とのコミュニケーションを大切にすることで運が開けるので、いくつになっても性別、年代に関係なく、仲良くするとよいでしょう。

Mind Number

4 Queen

しっかりとした経済基盤を築いて！

同じナンバーの有名人
松田聖子、萬田久子、デヴィ夫人
マリー・アントワネット

開運モチーフ　指輪

生まれながらに、気高さや、品格を感じさせる人が多いタイプです。自分がクイーンとして君臨している意識をキープすることが大切です。洋服、食べ物、車など、身の回りの環境を美しく整えて、常に余裕を持った態度でいることも「クイーンらしさ」のひとつ。そういった環境を維持するには、はっきりいってお金がかかるもの。裕福な家庭に生まれていなければ、お金を自分で稼ぐ経営者になるか、ガッツリ稼いでくれる旦那さんを見つけるなど、割り切ってしっかりとした経済基盤を築ける道を選ぶと、運も開けます。

母性が強く、面倒見がよいので、困っている人をほうっておけない親分肌なところもあります。人にいいように使われていたり、あらゆる面で思った通りに生きられない状況は、自分らしくいられずNG。運気も下がります。

◎開運ポイント　自分は女帝として君臨しながらも、世のため、人のためになる仕事をすると、成功に近づきます。サポートをしてくれる人をそばに置くとよいでしょう。

Mind Number

5 King

自分を信じて、邁進！ 自分だけの城を築く

同じナンバーの有名人　孫正義、柳井正、宇多田ヒカル、吉田美和

開運モチーフ　王冠

「お金を稼ぐことが、生きること」と言っていいくらい、ビジネスチャンスを自ら創り出し、モノにできる頼もしいタイプ。好奇心旺盛で、クリエイティブな才能に恵まれた人が多く、得意なことや好きなことに正直。夢を現実化する引き寄せ力の高さは随一です。

自分にしかできないことを見つけてお金を稼ぐことで、運気も上昇します。誰でもできるようなことを続けていたり、何もせずくすぶったままだと、理想と現実の違いにモヤモヤを抱えたまま生きることに。自分でもつらいはずです。

◎開運ポイント　自分の夢を叶えるために必要な能力、知力、精神力を兼ね備えていますから、どんどん行動して、周りを巻き込んで高いレベルの成功を目指すことが一番です。

女性であっても、男性的なさっぱりした性格の人が多いのも特徴。迷ったり悩んだときは、まず「自分の心の声を聞く」ことです。自分で決断し、前進することで、幸運やチャンスを手に入れられるでしょう。

Mind Number

6 Messenger

人と関わり、人の役に立つことで、能力を開花！

同じナンバーの有名人　杏、林真理子、中島みゆき、黒柳徹子

開運モチーフ　鳥

基本的に真面目で知的、こまやかな気配りができる人が多く、自分の考えや想いを周囲に伝えることが得意なタイプです。頭の回転が速く、コミュニケーション能力が高いので、聞き役にも話し役にもなれます。

自分が率先して表舞台に立つことより、人と人をつないだり、物事が円滑に運ぶように根回ししたりといったコーディネート力も抜群。

人の役に立つことが自らの大きな喜びになります。組織の中で力を発揮し、独立してもたくさんの人と関わることで能力を開花させることができるでしょう。

◎開運ポイント　人との縁を大切にすることが開運につながります。ただし、面倒見がよいために、いつも他者を優先し、自分のことを後回しにしてばかりいると、モヤモヤを抱え込むようになってしまいます。仕事とプライベートの線引きをハッキリして、意識的に自分の時間も大切に。

Mind Number

7

Lover

同じナンバーの有名人
ローラ、平子理沙
木村拓哉、ダイアナ妃

開運モチーフ
ハート

パートナーに大事にされることで運気もアップ！

愛を大切にする人で、恋愛をしているときが一番イキイキと輝くタイプ。まさにどんなパートナーと一緒にいるかが開運のポイントになり、相手によって運勢が左右されます。パートナーには、何よりあなたをプリンセスのように扱って、大事にしてくれる人を選ぶことです。

美しいものに囲まれたり、自分自身をきれいにしたり、物質的な豊かさを享受することは、精神的にとても大切です。ですから、経済面の不安とは距離を置きたいもの。パートナーには、恵まれた暮らしを一緒に楽しめる人を選ぶのが理想です。たとえば、結婚して子供ができても、恋人同士のようなロマンチックなディナーを楽しむ余裕を持つようにするなど、いつもハッピーな愛情に満たされていると、運気も安定してよくなります。

◇開運ポイント　人当たりがよく、基本的に愛情深いので、人を手助けするようなことも率先して行うタイプですが、それに付け入る人や、何より、あなたをぞんざいに扱うような人とは距離を置くことが賢明です。

Mind Number

8

Fighter

同じナンバーの有名人
坂本龍一、安室奈美恵
道端ジェシカ、小雪

開運モチーフ
馬

唯一無二のスタイルを築き上げて、孤高の存在に！

マイルールを持っているなど、物事にこだわりがあり、ストイックなタイプです。一度ゴールを決めたら、一直線に進んでいく、純粋さと強い精神力を持っています。

妥協やごまかしが嫌いで、自分にも人にも厳しい一面を持っているため、近寄りがたい印象を与えることもあります。何を考えているかよくわからない、ミステリアスな人と思われることもあるかもしれません。でも、それでいいのです。気にしないようにしましょう。

◇開運ポイント　誰にも真似できないような、あなたとすぐわかるマイスタイルを確立することが運気アップのカギになります。大勢の中にいても、存在感が際立つ、あなただけの個性が不可欠なのです。

みんなと同じであるとか、その他大勢に迎合するような振る舞いや、人とのなれ合いは、あなたには必要ありません。むしろ運気を下げてしまいます。

Mind Number

9 Balancer

自分の直感を信じて、多方面で多彩な才能を発揮！

同じナンバーの有名人
菅野美穂、ディーン・フジオカ
マハトマ・ガンジー、千秋

開運モチーフ
果実

平和主義者で争い事を嫌い、周囲との調和をはかることができるタイプです。洞察力に優れ、どんな人とも仲良くなれるうえ、環境への適応力が高いので、実にさまざまな世界で活躍できる可能性があります。

また、「2」が人生のキーワードになります。2つ会社を立ち上げたり、2つ家を持ったり、2つ国籍があったりと、自分次第で、異なる人生を二度歩むようなこともあるかもしれません。

◎開運ポイント　スピリチュアル能力が最も高い数字ともいわれ、人の気持ちを察しやすく、第六感もほかのナンバーの人より冴《さ》えている人が多いでしょう。中には、目に見えない不思議な世界に精通して、その世界で生きる人もいます。中途半端に現実と目に見えない世界とを行ったり来たりして、不思議な言動をしていると、運気が安定しません。頭であれこれ考えすぎず、自分の直感を信じること、自分らしくいられる人と過ごすことで精神的に安定し、運気が上昇します！

あなたのソウルメイトを探そう！

ソウルメイトという言葉を聞いたことが一度はあるのではないかと思います。私が研究したところ、**ソウルメイトは恋人だけではなく、友達や兄弟、同僚の中にもいる特別な人のこと**。ソウルメイトがそばにいると、運が強くなったり、勢いが増したりする気もします。だからこそ、みんなにソウルメイトを見つけ出してほしいのです。

では、ソウルメイトをどんなふうに見つけるかというと、**2人のマインドナンバーを足して「7」になる人**こそが、あなたのソウルメイトなのです。

7はラバー、愛の人の数字です。つまり、ソウルメイトは、その人のために何かをしてあげたいと心から素直に思える相手なのですね。

この計算式は夢の中でお告げとして受け取ったのですが、まず私の周りの人で検証したところ、家族同然に支えてくれるスタッフや友達は、みんなマインドナンバーを足すと7になるソウルメイトでした。さらに調べてみると、父と母と私の3人のマインドナンバーを足すと7のソウルメイトでした。

そのほかに成功しているお笑いコンビや、アイドルグループなども、7のソウルメイトであることが多いとわかりました。

ぜひ、あなたの周りの運命の人を探してみてくださいね！

♥マインドナンバーを足して「7」になるソウルメイト

※マインドナンバーを足して2桁になった場合は、1桁になるまで足します。
例・7＋9＝16→1＋6＝7

マインドナンバー1＋マインドナンバー6
マインドナンバー2＋マインドナンバー5
マインドナンバー3＋マインドナンバー4
マインドナンバー7＋マインドナンバー9
マインドナンバー8＋マインドナンバー8

♥3人以上の場合ソウルメイト

マインドナンバー1＋マインドナンバー2＋マインドナンバー4
マインドナンバー4＋マインドナンバー5＋マインドナンバー7
マインドナンバー4＋マインドナンバー4＋マインドナンバー1＋マインドナンバー7

♥ソウルメイト同士の有名人

とんねるず　石橋貴明4＋木梨憲武3
くりぃむしちゅー　有田哲平5＋上田晋也2
山本耕史1＋堀北真希6
向井理2＋国仲涼子5

イヴルルド遙華の強運体質の育て方
運命を変える! 願いを叶える!
イヴルルド遙華 著
講談社／2016年9月発売／1,296円(税込)
恋愛、結婚、仕事、家族問題
など、どんな逆境にも負けない、
強運体質になるための秘訣満載。

Ke・ikoさんの

月星座を使って引き寄せる

月星座で自分の本質を知って、引き寄せ力をパワーアップさせましょう！

引き寄せ力の正体は、「月」

あなたは自分の「月星座」を知っていますか？ 西洋占星術で「私は○○座」と言うとき、それは、あなたがこの世に生まれたとき、「太陽」がその○○座にあったということ。実は、それとは別に「月星座」というものもあるの。

西洋占星術で使う天体は10個あるのだけれど、その中で、月と太陽は別格。

この2つはほかの惑星のように特定のシーンで登場するのではなく、あなたの「本質」をつくるものだから。私はよく太陽と月を「樹木」にたとえるの。月＝根、太陽＝幹と考えてみると、この2つはまさに、あなたの「根幹」を表すものといえるわね。

月と太陽はどちらも大事だけれど、実は、私がより重視しているのは「月」のほう。

月星座はあなたが持って生まれた性格や性質、適性、心の奥深くにある欲求など本来あなたに備わっているものを教えてくれるもの。

ここがすごい

自分の「引き寄せ力」がわかる

こんな人におすすめ

普通の占星術だけでは満足できない人

一方、太陽星座が意味するのは「今世のテーマ」。一生をかけて取り組む宿題みたいなものかしら。太陽星座はあなたが「取り組むべきもの」、月星座はあなたが「生まれつき持っているもの」という違いなのね。

月経周期が月の満ち欠けとほぼ同じサイクルということからもわかるように、特に**女性は、月の引力には抗《あらが》えない生き物**。無意識に月から多大な影響を受けているのね。だからこそ、月の力を味方につけたほうがチャンスをつかみやすいし、運も自然によくなっていくのよ。

自分の月星座を調べてみましょう!

※次ページから月星座別による引き寄せ術を掲載していますので、自分の月星座を調べてから読んでください

月星座を調べるには2通りの方法があります。

①168ページからの「月星座早見表」で調べる。

②Keikoの無料ホロスコープ作成サイトで調べる。

http://www.moonwithyou.com

※1966年以前、1995年以降に生まれた方は②でお調べください。

※生まれた時刻が不明の人は、誕生日の12時(正午)生まれとして、星座を決定してください。

※①と②で違う星座になった場合は、②の結果を優先させてください

引き寄せをする前に注目してほしいのが、あなた自身の「月星座」。月星座を使えば、確実かつ強力に、望むものを引き寄せることができるの。

運がいいことを「ツキがある」って言うでしょ? このツキって、「月」のこと。月と運が、それだけ密接にリンクしているという証拠ね。

では早速、あなたの月星座を調べて、自分の引き寄せ力がどこにあるのかを確認。それを自覚することから始めましょう!

Keiko

占星術師。実業家。1963年生まれ。慶應義塾大学法学部政治学科卒業。(株)電通退社後、ソウルメイト・リーディングの第一人者・イヴァルナのエージェントとなり、約6000件の鑑定に携わる。「占星術は占いではなく、星のエネルギーを読み取るスキル」というポリシーのもと発信されるメルマガの購読者は5万人を超える。欧州ブランドのエージェントを務めるほか、オリジナルアイテムを「K's Selection」で展開するなど実業家としても活躍。

牡羊座

引き寄せ力
DOWN
のキーワード

じっくり、想定内、暴走

事細かに指示してくる人や、あなたの発想を想定内に収めようとする人がいると、せっかくのスピードや行動力が宝の持ち腐れに。あれこれ考えている間に、あなた特有の引き寄せ力もパワーダウン。「これがやりたい！」と思ったら即行動に移せる環境に身を置くのがベターね。

あなたのスピードや決断力は素晴らしいものだけど、残念ながら、そのスピードについてこられる人は限られている。一人で暴走しないように、時には後ろを振り返って。

引き寄せ力
UP
のキーワード

スピード、チャレンジ、オリジナリティ

12星座のトップバッターを月星座に持つあなたは、なんといってもスピードが命。即断即決。何事もまず行動に移すのが先！ 考えるのはそのあとでOKよ。そうすることで、本来の直感力も冴《さ》えわたって、オリジナリティを発揮できるはず。人真似や二匹目のどじょう狙いは、まったくあなたらしくない。自分オリジナルでないと、あなた自身、どうもしっくりこないはず。

斬新なことに次々チャレンジしていくことで、運気も上昇。打ち上げ花火のようにドカーンと大きなことをしたら、さっと次のことに取りかかる。そんな身軽さが成功を引き寄せるわ。

牡牛座

引き寄せ力
DOWN
のキーワード

チープ、スピード勝負、低俗

本物志向のあなたは、大量生産されたチープなものを身の回りに置くと、波動が拒否反応を起こしてしまうの。ファーストフードやコンビニ食は極力避けて、きちんとした食事を摂るのが基本。

ゆっくり着実に物事を進めたいタイプだから、自分のペースが乱れると途端に調子が狂ってしまうこともあるわね。スピード勝負よりクオリティ重視で。俗っぽい情報やTV番組も避けたいところ。

引き寄せ力
UP
のキーワード

スローペース、正統派、上質

いわゆる大器晩成型のあなた。金運のよさは12星座一。強力な成功運は持っているものの、花開くのは遅いほう。時間はかかっても、最後に大輪の花を咲かせるのがあなたのスタイル。一瞬にして消えてしまうものや流行を追うのではなく、あなた自身にとって価値あるものを追求して。値が張っても、老舗の商品を購入したり、格式があるホテルで食事を楽しんだり。

あなたは五感を通して幸せを感じる感覚派。美しい音楽を聴き、リッチな香りをまとい、一流の芸術に触れる。そんなふうに日常のクオリティを上げることで、引き寄せ力はいっそう高まるはずよ。

双子座

引き寄せ力 DOWN のキーワード

ルーティン、うわさ、時代遅れ

あなたの引き寄せ力は、変化する中でこそ活性化。刺激のない退屈な日々を過ごしていると、人生そのものが停滞してしまうわ。「仕事はルーティンのみ」「毎日会社と家の往復だけで終わっている」という人は、要注意！　行ったことのない場所に出かけてみる、習い事を始めてみるなどして、好奇心の火を絶やさないように。インターネットは大得意なあなただけれど、人とのコミュニケーションから得られる情報を疎かにしないで。ネット情報は玉石混淆《こんこう》だし、真実かどうかはわからない。自分の目で確かめる、実際その人に会ってみるなどして得た情報こそが真の情報と心得て。

引き寄せ力 UP のキーワード

タイミング、流行、口コミ

この情報化時代にぴったりの感性を持つあなた。情報収集力とコミュニケーションの巧みさは随一！　新しいトレンドを次々と追って、適切な情報を仕入れ、タイミングよく発信する。新しい仕事や人間関係に素早く馴染む順応性は、あなただけに与えられた成功へのパスポート。人とのコミュニケーションから新たなビジネスのヒントを得たり、ユニークな情報をつかんだり、一気に成功へと駆け上がるチャンスが巡ってくることもあるわ。

好奇心の赴くまま、複数のことを同時進行で手がける器用さもあなたの才能。自由自在に変化しながら、思い通りの豊かさを引き寄せてみて。

蟹《かに》座

引き寄せ力 DOWN のキーワード

働きすぎ、手抜き、粗末な食事

よくも悪くも「家族との関係」があなたの運を左右する。忙しくても、家族との接点だけはキープして。電話一本、メールのやりとりでもOKよ。

一人ぼっちの食事が続くと、引き寄せ力はたちまちダウン。自炊を心がけ、友達に手料理を振る舞うなど家庭的なアクションでパワーチャージをして。

「愛情をかけて育てる」エネルギーが生きる喜びになるので、ペットや草花を育てることも◎よ。

引き寄せ力 UP のキーワード

家庭的、衣食住、女房役

あなたは人の緊張をときほぐし、安らぎを与えることができる人。あなたのにじみ出るような優しさや家庭的な雰囲気に触れると、誰もがほっとして心を開いてしまうのよ。

蟹座は「家族・家系」を意味するサイン。仕事をバリバリしていても、人生のベースはあくまでも家庭と心得て。家族と過ごす時間や、お墓参りなど家庭の行事を大切にすれば、運は自然と上向きに。さらに、家を居心地よく整えてプライベートを充実させることで、仕事運や金運もアップ。細やかな気配りと目配りは、あなたにしかできないこと。リーダー役より潤滑油的立ち位置で、抜群の存在感を発揮できるわ。

獅子座《しし》

引き寄せ力 DOWN のキーワード

引き寄せ力 UP のキーワード

控えめ、過度な顕示欲、いつも通り

「自分を表現したい！」という魂レベルの欲求があるあなた。その欲求をため込んでしまうとエネルギーが停滞し、運気までもダウンしてしまうの。

どんな形でもいいから「表現する場」をつくること。人一倍アピール力の高いあなたは、人目を気にして控えめにしていることが、逆に不自然に映るタイプ。どんなときでも自信を持って堂々と！　それが当たり前になれば、運はおのずと好転していくわ。

自己アピール、イベント、サービス精神

あなたは、人前に出て注目を浴びるほどに運気がアップするタイプ。「会議では必ず自分の意見を言う」「お稽古事の発表会に参加して腕前を披露する」「司会進行役を買って出る」など、人前に出るチャンスを自らつくっていくことで引き寄せ力も高まるわ。実際、「ギャラリーが多いと燃える！」というのが本音では？ ヘタな遠慮や謙遜は無用。「目立ってなんぼ」の気持ちでいればOKよ。

ONとOFFを切り離すより、遊びを仕事にしてしまうのが理想。趣味や楽しみの時間を増やせば、逆にお金が入ってくるわ。大胆な決断で、ドラマチックな幸運が舞い込む可能性も大！

乙女座

引き寄せ力 DOWN のキーワード

引き寄せ力 UP のキーワード

プレッシャー、神経質、リーダー役

補佐的立場でこそ本領を発揮するあなたは、リーダーやまとめ役を任されたり、「好きなようにやりなさい」などとイニシアティブを与えられると、逆に戸惑ってしまうかもしれないわね。サポート役に徹したほうがよさそうよ。

デリケートな体質なので、不衛生な場所や雑然とした空間はNG。体調によくない影響を与えるばかりでなく、運までも低下してしまうので要注意。

清楚、完璧、スキルアップ

「彼女に任せておけば安心」と誰からも信頼を寄せられるあなた。礼儀やマナーをわきまえていて、有能なのにしゃしゃり出ることはなく、上司や先輩をしっかり立てるタイプ。女性としては品のある清楚さも最大の武器。

仕事を時間内に完璧にこなせるあなたは、スキルを磨いて、さらなるランクアップを目指して。「これにかけては誰にも負けない！」という内なる自信がつくはず。人のサポートがとにかく上手なあなたは、組織の中でこそ光るタイプ。目上の人に引き立てられて、トップの補佐役として頭角を現す可能性大。そのためにも、知性とスキルのブラッシュアップを怠りなく。

天秤座《てんびん》

引き寄せ力 DOWN のキーワード

引き寄せ力 UP のキーワード

自信過剰、贅沢しすぎ、優柔不断

12星座の中でもダントツの人気運を誇るあなた。周囲の人に引き立てられることも多いけれど、実力者ばかりと仲良くするのはNGよ。

あなたにとって人間関係のいざこざは、一番避けたいもののひとつ。そのバランスが崩れるとすべての引き寄せ力もダウンしてしまうわ。誰とでも分け隔てなく、平等に接することを心がけて。

ファッショナブル、紹介、気品

華やかな場所が誰よりも似合うあなたは、天性の社交家。あなたの引き寄せ力は、「対人関係にあり」といっても過言ではないわ。誰とでも仲良くなれて、そのうえ顔が広いので、PR業務などにはもってこい。

「ファッショナブル」がキーワードでプロの手を借りるなどして外見にさらに磨きをかければ、引き寄せ力はさらにアップ！ ハイヒールと小振りなハンドバッグはマストアイテム。会社帰りにそのままパーティに行けるような、エレガントな装いが◎。仕事選びにおいても、ビジュアル的に美しい仕事があなたの天職。モチベーションがアップすると同時に、運そのものが上昇気流に。

蠍座《さそり》

引き寄せ力 DOWN のキーワード

引き寄せ力 UP のキーワード

散漫、表面的、流行を追う

興味の感じられないことには、無駄な時間を費やさないこと。「みんながやっているから」「はやりだから」という理由はあなたにとって何の意味もないばかりか、引き寄せ力を低下させる原因に。自分の価値観を一生貫くことが幸運のカギになるわ。

日の当たらないものの中に真価を見出すのも、あなたにしかできないこと。没頭する対象が見つからないなら、興味ある分野の資格取得にチャレンジしてみて。

極める、付加価値、ミステリアス

「一点集中スタイル」で最高の引き寄せ力を発揮するのが、蠍座。仕事や勉強から趣味、遊びに至るまで、「好き！」と思ったことにはとことんのめり込んで正解。あなたの集中力は計り知れないほど深く、そのレベルは玄人顔負け。人が興味を示さないような分野をあえて追究することで、その道の第一人者になる可能性も。

不労所得に縁があるので、保険や不動産に若いうちから投資しておくのも手よ。ロイヤリティや著作権を狙うのもアリね。

ちょっぴり陰のあるタイプなので、周囲の人にとってミステリアスに映るはず。孤独に陥らないためにも、自分から人の輪に入って。

射手座《いて》

引き寄せ力 DOWN のキーワード

安定、マンネリ、保身

あなたは「自分と違うもの」を受け入れることが容易な人。毎日違うものを目にする環境で、変化に富んだ仕事に就くのが一番！

逆に、毎日同じ仕事の連続だったりすると、あなたのモチベーションはみるみる低下。保身や安定志向に陥った途端、引き寄せ力は大幅ダウンという結果に……。

何より大切なのは、安定ではなく「冒険心」であることを肝に銘じて。

引き寄せ力 UP のキーワード

グローバル、なんでもアリ、遠距離

射手座は、海外と縁の深い星座。好奇心が旺盛でエネルギッシュなあなたにとって、海外に目を向けるのはごく自然なこと。海外旅行はもちろん、日本にいても外資系企業で働いたり、輸入ものを扱う仕事をしたり、外国語を勉強してみたり……、生活の中に「外国」の要素を取り入れると自然に運気がアップするわ。

学習意欲が高いあなたは、学んだことが無駄なく金運に結びつくタイプ。勉強会やセミナー、ワークショップには積極的に参加して。留学はもちろん、大学院でMBAを目指すなど、高度な専門知識を身につければ引き寄せ力は格段にアップ！

山羊座《やぎ》

引き寄せ力 DOWN のキーワード

二流、ギャンブル、無礼講

あなたは努力してこそ光る人。何事もコツコツ積み重ねていくことで、あなたの引き寄せ力が着実にアップ。結果を急いで近道しようとした途端に波長に狂いが生じ、それまでやってきたことが水の泡になってしまうので要注意。

大事にすべきは上下関係。上司や先輩、目上の人には礼儀と節度を忘れずにね。

ギャンブルは絶対にNG。正統な道でトップを目指すことこそがあなたの人生と心得て。

引き寄せ力 UP のキーワード

誠心誠意、一歩一歩、プロフェッショナル

現実的なあなたは、シビアな目を持つ有言実行の人。軽薄なもの、低レベルのもの、現実離れしたものには一切関心を示さない。今目の前にあるものを確実にこなし、最高の結果を出すことに喜びを感じ、何事にも誠心誠意取り組む努力の人でもあるわ。期待以上の結果を出すことで着実に出世し、望みさえすれば、いずれトップの座につくことも可能。ただし、「基本をおろそかにしないこと」がポイントに。早く結果を出そうと焦るより、時間をかけたほうが引き寄せ力はアップ。日本の伝統文化と縁が深く、とりわけ茶道、華道、書道といった家元制度でステイタスを得られる暗示があるわ。

水瓶座《みずがめ》

引き寄せ力 DOWN のキーワード

窮屈、画一的、つまらない場所

あなたはちょっぴり変わった感覚の持ち主。その個性的な感性をどれだけ生かせるかが、人生の勝負どころよ。

同じタイプの人ばかりが集まっている画一的な環境では、あなたのよさがなかなか認めてもらえないかも。「つまらない」と感じるなら、そこはあなたがいるべき場所ではないわ。引き寄せ力が機能停止にならないうちに、理想的な環境へシフトして。

引き寄せ力 UP のキーワード

最新情報、自由、改革

ひらめきに恵まれ次々と斬新なアイデアを打ち出すあなたは、感情に惑わされないクールな人。時代を読み取るセンスが抜群なので、新しい企画や新規事業の仕事にうってつけ。一番大事なことは、「つねに自由でいられること」。今の生活が窮屈すぎると感じるなら、思いきってフリーランスを選ぶのも手。組織の中にいるより、あなたの引き寄せ力は確実にアップするわ。インターネットとの相性は12星座一。最新の商品とシステムを組み合わせることで、独自のビジネススタイルを構築して、成功するはずよ。ポイントは「最先端」を意識すること。パソコン、スマホは常に最新式のものを。

魚座

引き寄せ力 DOWN のキーワード

競争、無味乾燥、怠惰

売上数字を求められたり、誰かと競わされたりするような仕事は不向き。

あなたは「環境」からの影響を人一倍受けやすいタイプ。殺伐としたオフィスや無味乾燥な部屋にいると、引き寄せ力はテキメンにダウン。暮らしの中に“潤い”を忘れないで。海や川、湖のそばで暮らしたり、部屋に水槽を置くなどして「水」のエネルギーをチャージすれば、元気が出て引き寄せ力もアップ！

引き寄せ力 UP のキーワード

イマジネーション、マイワールド、非現実

想像力豊かなあなたは、ファンタジーの世界に生きる人。ポイントは、その豊かな感性とイマジネーションを、どれだけ現実に落とし込めるか。自分のイメージを形にし、それを発信していく方法を見つけられさえすれば、あなたの引き寄せ力は飛躍的に高まるはずよ。目に見えない世界とつながれる人なので、スピリチュアルな分野にも適性が。占い、ヒーリング、エネルギーワークの分野なら、あなた自身、楽しみながら仕事ができそうね。どんな形であれ、人を癒やすことが天職のひとつと心得て。か弱そうに見えて、実際はかなりタフ！ 見た目と中身のギャップは、あなたの魅力のひとつよ。

新月と満月を使って、12星座すべてのパワーをモノにする！

運を引き寄せるのは、あなた自身の「月星座」。樹木にたとえるなら、水分や養分を吸い上げる「根っこ」の部分が月星座なのね。根に水をやることで美しい花が咲くように、人生を花開かせるには、自分の月星座を強化するのが一番の近道！

とはいえ、12星座のエネルギーというのは本来、すべてつながっているもの。ひとつの星座だけが独立して存在してるわけじゃないのよ。根っこだけの木なんて、あり得ないでしょ？　幹、枝、葉、花、実……いろんなパーツがあって初めて、一本の木になる。人間もそれと同じことなのね。自分の月星座で「引き寄せ力」を強化しつつ、ほかの11星座の要素も適宜取り入れていく――運気アップしたいなら、これがいちばん理想的なやり方よ。

そこでおすすめしたいのが、新月と満月のパワーを借りる方法。月と太陽がぴったり重なる「新月」と、月と太陽が真正面から向かい合う「満月」は、月のパワーが最高潮に達するタイミング。毎回、新月と満月が「どのサイン（星座）で起こるか」を意識してそれにその星座のパワーを取り入れることができるのよ。

●新月パワーの使い方

月と太陽がぴったり重なる新月は、潜在意識とつながる「右脳」が活発になるタイミング。

このときぜひやっていただきたいのは、なんといってもイメージング！

願い事を書くという方法ももちろんいいけれど、「書く」という作業は左脳の領域。右脳を使うイメージングであれば、新月のエネルギーを余すところなく活用できるわ。

たとえば、水瓶座の新月は「自由」がキーワード。あなたが理想とする自由なライフスタイルをイメージしてみては？　どんな所に誰と住んでいて、一日をどんなふうに過ごしているか。仕事は何をしているか……など。新月が起こるサインのキーワードを見ながら、どんどんイマジネーションを膨らませていくのがコツよ。

満月の使い方

満月は「完成」「結実」のエネルギー。新月で願ったことが叶ってうれしい！という感謝のタイミングでもあるの。たとえ新月で願ったことが現実になっていないとしても、叶ったものとして感謝を捧げることがポイント。

たとえば、蟹座の満月は「幸せな家庭と愛に満ちた生活」を育むエネルギーを持っているから、「最愛の人と結婚して幸せな毎日を送っています、どうもありがとう！」と、先に感謝してしまう。ご両親や仕事仲間など、今の自分を支えてくれている人たちに感謝するのもいいわね。一方、獅子座の満月は注目の的となるようなセレブ感を授けてくれるから、「自分に自信が持てるようになりました、ありがとう！」というふうに。

ムーンウォーターでエネルギーをチャージする

新月と満月のパワーを取り入れる一番簡単な方法は「ムーンウォーター」を作って飲むこと。ムーンウォーターというのは、一言でいえば「2時間以上月光浴をさせた水」。これは、「水はエネルギーを記憶する」という性質を利用したもの。新月、満月の晩は波動が特に高くなるから、ムーンウォーターを作るには最適。月の波動を刻み込んだ水を飲むことで、60兆個の細胞の隅々に月の波動がしみわたり、12星座のエネルギーを上手に取り込むことができるわ。

ここではムーンウォーターの作り方と使い方を紹介しておくわね。ちなみに、ニュームーンウォーター（新月水）とフルムーンウォーター（満月水）の作り方はほとんど同じ。ただ、ニュームーンウォーターには、作るのに最適な時間帯があるの。これに関しては、毎回の新月前にブログでお知らせしているので、興味のある人はＫｅｉｋｏのブログ（http://ameblo.jp/hikiyose358）をチェックしてくださいね。

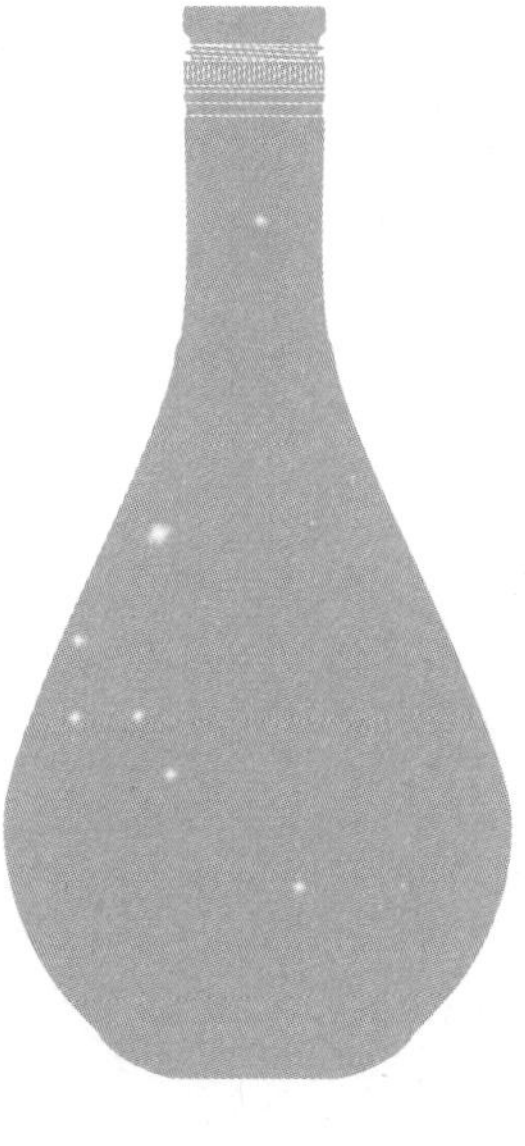

〈ムーンウォーターの作り方〉

用意するもの

ブルーのガラスボトル（大きさ、色の濃淡は自由）
ミネラルウォーター

作り方

用意したブルーのガラスボトルの中にミネラルウォーターを入れてフタをして（フタがなければラップでふさぐ）２時間以上、月光浴をさせます。

使い方

ムーンウォーターは、飲むのが基本。加熱しないほうがベターです。コップ１杯のムーンウォーターを枕元に置いて寝れば、強力な邪気払いに。

※フルムーンウォーターを作る時間帯は、日が落ちてから日が昇るまでの間であればＯＫ。
※月光浴をさせる場所は、ベランダかお庭。外に置く場所がない場合は、窓辺でＯＫ。
※できあがったムーンウォーターは48時間以内に使い切ってください。
※さらに詳しい情報についてはK's Selectionのサイトをご覧ください。
http://www.ks-selection.com

すごい引き寄せ！研究会による

すごい引き寄せ！座談会

①

研究会メンバー

A子（20代）
引き寄せ歴 3年

B美（30代）
引き寄せ歴 5年

C代（40代）
引き寄せ初心者

すごい引き寄せ！研究会とは、引き寄せの法則、開運法、占いについて研鑽《けんさん》を積み、日々運気の向上に勤《いそ》しむ会です。

イラストレーション＝いいあい

引き寄せって難しくない？

C代 みんなの周りの人はどう？ やっぱり「引き寄せ」やってるの？

B美 やってますよ！ アファメーションをしたり、新月・満月に願い事や感謝をしたり、いいこと日記をつけたり……。星占いや風水とかも参考にしながら、自分がよりよくなる方法をいくつかしている感じですかね。

A子 今、会社で「一粒万倍日《いちりゅうまんばいび》」がはやってるの。

C代 一粒万倍日？ それも引き寄せなの？

A子 ジャンル分けするなら開運法だと思うけど、自分が望む状態を引き寄せるためにする行為と考えると、開運法も引き寄せのひとつかなって。

C代 なるほどね。

A子 一粒万倍日は、日本の暦で「選日」といわれる、いわゆる「お日柄」のことで。この日に始めたことは「どんどん増える」と言われてて、お財布を使い始めたり、何かをスタートする吉日なんです。その日に打ち合わせを指定してくるクライアントさんの多いのなんのっ！

B美 苦労の種も万倍になるから借金やローンを組むのはNGデーだよね。

A子 そうそう。C代さんは何かしてる？

C代 ホ・オポノポノくらいかな。疲れたときとか、イライラしたときとか、ちょっと感情的になったとき、4つの言葉「ありがとう、ごめんなさい、許してください、愛しています」を呟いてみたり。引き寄せかどうかわからないけど。

B美 ホ・オポノポノは究極の引き寄

せだよ！　潜在意識をクリーニングして、ありのままの自分で幸せになるっていう方法だもの。

C代　そうか！　あと、お酉様《とり》には毎年欠かさず行ってる。もう20年になるかな？　基本的なことだけど、引き寄せって難しくない？

A子　どのへんがですか？

C代　自分がすでにそうなってるのをイメージするんだよね。「なりたい」じゃなくて。

B美　潜在意識は融通が一切利かないの。「なりたい」って願うと、「なりたい」がお願いだと受け止めて現実化しちゃうから、ずっと「なりたい」状態のままで一向に本当の願いは叶わないわけ。

C代　そっか。だから、すでに叶った自分をイメージするのね。

A子　それが難しかったら、具体的に行動を伴うことをするといいかもですよ。お財布を替えるとか。はじめのうちは、その行為をしたら願いが叶うと考えるほうが信じやすいかも。

C代　なるほどね。「財布を変えたらお金持ちになる」と信じて変えるんだもんね。

A子　そう！　だから「どうせお財布くらい替えても、金運が上がるわけない」と思いつつ替えたら、ダメだと思う。「どうせ変わらない」というほうを本当は信じてるから、そっちを引き寄せちゃう。

C代　……それって、自分が信じていることを、結局引き寄せるってことなの？

A子・B美　その通り！

B美　難しいことは何もなくて、自分が日常レベルで考えていることが大事なの。裏を返すと、日常考えていることに気をつけてると、簡単に引き寄せられちゃうはず！

C代　そうなのね。難しく考えすぎてたかも！

アファメーションを普通にしてる
一粒万倍日に買い物したり、商談したり、新しいことを始めてる人が多い
毎年、友達とお酉様には行ってる

MACOさんの
ネガティブな人でも引き寄せは叶う！

「引き寄せの法則」を使って願いを叶えるにはコツがあります。
これまでうまくいかなかった人も早速実践！

イラストレーション＝モリナオミ

ここがすごい

ネガティブなままでも引き寄せられる！

こんな人におすすめ

心配性の人
願いが叶うと信じられない人

本気で「決める」ことが大事！

私たちが「何かを引き寄せたい」「願いを叶えたい」と思うときは、たいがい現実に不満を持っていたり、不安や心配を抱えていたりするものです。

そのような中で、引き寄せに必須である心の状態、ワクワク感やいい気分をキープし続けることは難しいと思う人も多いかもしれません。どうしてもネガティブな気持ちや、不安な心がムクムクと出てきてしまうからですね。

でも大丈夫。私自身、根っからのネガティブですし、今でも時々悩んだり、落ち込んだりもするのですが、ちゃんと願いを叶えてきました。

心配性でも、疑い深い人でも、引き寄せの法則を上手に使いこなすことができるようになれます。そのカギになるのが、**本気で「決める」**ことと、**何度でも「決め直しをする」**ことです。

どんなにお願いしても、本気でないと、顕在意識のところで「願い」はストップしたままになります。これは、宇宙への願いを伝票に書き出したのに、発注せず、手元に持ったままでいるような状態。本気で決めるというのは、メールの送信ボタンを押すようなもの。**「決める」ことで宇宙（潜在意識）に伝票が届いていく**のです！

ですから、どんな願いや、欲しいものも、第一に「手に入る」「叶う」と「決める」ことが大事になってくるのですね。

とはいえ、「決める」ことをそんなに難しく考える必要はありません。「決める」とは、**脳内で、「私は〜する！」「私は〜なる！」と宣言するだけ**でOKです。

「こうしたい」「こうありたい」の状態から、「こうなる」「こうする！」「絶対する！」と決めることです。本気で「決めた」願いは必ず叶いますから、絶対的に信頼してくださいね！

MACO

引き寄せアドバイザー&コーチ。1970年、兵庫県生まれ。これまでに合計3つの大学・大学院を修了。脳科学、NLPコーチングなどのほか、各種セラピーなどさまざまなジャンルの学びを修める。講演家として全国を回りながら同時に執筆活動をしている。

ネガティブが出てきたら、もう一度決め直す！

せっかく「決めて」願いを宇宙に届けたのに、そのリクエストがキャンセルされてしまうことがあります。それは強い心の抵抗です。まさに「そんなの叶うわけないじゃん」「絶対に無理」「どうせまたダメ」……といった、ネガティブな感情です。

それでも大丈夫。願いが叶うと信じ切れず、「ダメかもしれない」「できるわけない」というネガティブな感情が湧いてきたら、その都度、本当の気持ちを自分に問いかけ、願いを「決め直す」こと。そうすることで宇宙に願いが再び届きます。

私はそうやって、**ネガティブな感情とうまくお付き合いしながら、引き寄せパワーをアップ**させてきました。

了解！
願いを叶えます
宇宙
決意
願い
決意
決めた！

願いは叶うと「決める」

「願い」をキャンセルします！
宇宙
ダメ
不安
願い
恐れ
願い
どうせ
叶わない
…

ネイティブな感情が起こると「願い」はキャンセルに……

ネガティブな感情は防衛本能

また、ネガティブな感情は悪いものばかりではありません。人には生まれつき自分を守ろうとする防衛本能があります。先の見えないことに対して不安に思ったり、心配したりするのは、ごく自然なことなのですね。

好きな人に告白するとき、相手が大好きであればあるほど、緊張し、不安にもなります。それは当然ですよね。

引き寄せの法則を実践していると、ネガティブを嫌ったり、避けようとしたりする人がいますが、あいにく何をしてもネガティブな感情がなくなることはありません！　ですから、**ネガティブが起きたら、「そう思うんだね」と客観的に一度受け入れてみましょう。**それから、自分は本当はどうしたいのか、望む現実を決め直しましょう。

OK! 願いを叶えます!
宇宙
再び決意
再び願い
絶対叶う!
もう一度決めた!

もう一度、願いは叶うと「決め直し」でOK!

しつこいネガティブがあるときは

私は、基本的には、お願いは一度宇宙に送り出せばOKで、叶うタイミングは宇宙にお任せし、楽しんで待つようにしています。

願望が叶うまでの間に、ネガティブな感情が出てきてしまったら、前のページでお伝えしたように、決め直しを行えば大丈夫です。

ネガティブな感情が湧いてきたとき、自分の気持ちを確認して、**決め直しをすると、心はすっと落ち着く**ものです。本気で「決める」ことができると、気持ちが自然と上向きになり、腹が据わったようになるのです。希望が湧いて、ワクワクし出す人もいるかもしれませんね。

でも、決め直しをしても、繰り返し「一体いつ叶うの?」「やっぱりダメ」「このやり方じゃダメだったのかな」などと思っていたら、「どうせダメ」という気持ちがしつこく根づいてしまっているのかもしれません。心配は不要ですが、そのままだと望む現実は少し訪れにくいかもしれません。

あなたが叶えたい願いのイメージに「うまくいかない」という思いの波動を乗せて送り出していることになるからです。この場合、「うまくいかない」状況と同じ周波数のものを繰り返し引き寄せてしまいますから、「うまくいかない」状況がずーっと続いてしまうのです。

彼とラブラブになりたいが、
「どうせうまくいかない」と思いながら
願っていると……

「うまくいかない」周波数のものを
引き寄せ続けてしまいます

ネガティブを持ったままでも楽しい時間を増やせばＯＫ！

思考全体を１００として考えるならば、ポジティブ思考とネガティブ思考の割合が50対50から60対40くらいに傾き始めたときに、現実は少しずつ動き始めます。

仮にあなたの思考が１００％あるとして、そのうちのほぼ１００％近くまでネガティブが占めていたら、そっちを引き寄せてしまうのです。

対処法としては、**ほかのことに目を向けて不安の割合を減らしてあげる**こと。

人は一度に2つの相反する信念を持ったり、思考をしたりすることはできないものです。わかりやすくいうと、ケラケラ大笑いしながら、同時に何かを心配することはできないということです。

ですから、**ネガティブ感情が支配しているな～と感じたら、すぐにできる小さな楽しみを自分に与えてあげましょう**。

「コーヒーを飲む」「テレビを見る」「散歩する」「ペットとじゃれる」……。そういう簡単なことで引き寄せ力は高まっていきます。

不安の割合によって感情が変わる

彼のことばかり…
心地よい
不安
ポジ40＜60ネガ
不安を引き寄せてしまいます
不安
心地よい
ポジ60＞40ネガ
心地よさを引き寄せます

小さな楽しみを見つけよう

心は脳がつくっている!

そもそも、私たちの心のもとってどこにあるかわかりますか？　実は脳にあります。ですから、私たちの思考から起こる行動も、心の働きなのですね。心は高次の脳機能から成り立っているといえるのです。

記憶はもとを正せば、人が見たり聞いたりしたことが、積み重なったものです。その見たり聞いたりした情報は、海馬というところに一時保管されます（短期記憶）が、しばらくたてば、忘れてしまいます。ですが、繰り返し情報が入ってくる状態になると、海馬は「生命維持に関わる大切な情報に違いない」と判断して、大事な記憶を保管する「側頭葉」という別の場所に保存します（長期記憶）。

つまり、ネガティブなことばかり繰り返し考えていれば、脳がネガティブを大切だと判断し、その状態を維持するように働きます。もうおわかりだと思いますが、逆にポジティブなことを常に考えてばかりいれば、脳はポジティブを大切な情報だと判断し、その状態を維持しようと働くのです。これが脳のしくみから見た、引き寄せの法則で「常にポジティブでいましょう」と通説のようにいわれることの根拠です。

でも、急にポジティブになろうとしなくても、大丈夫です。ネガティブを持ったままでの、簡単にできる楽しい時間を増やしていけばいいのです。

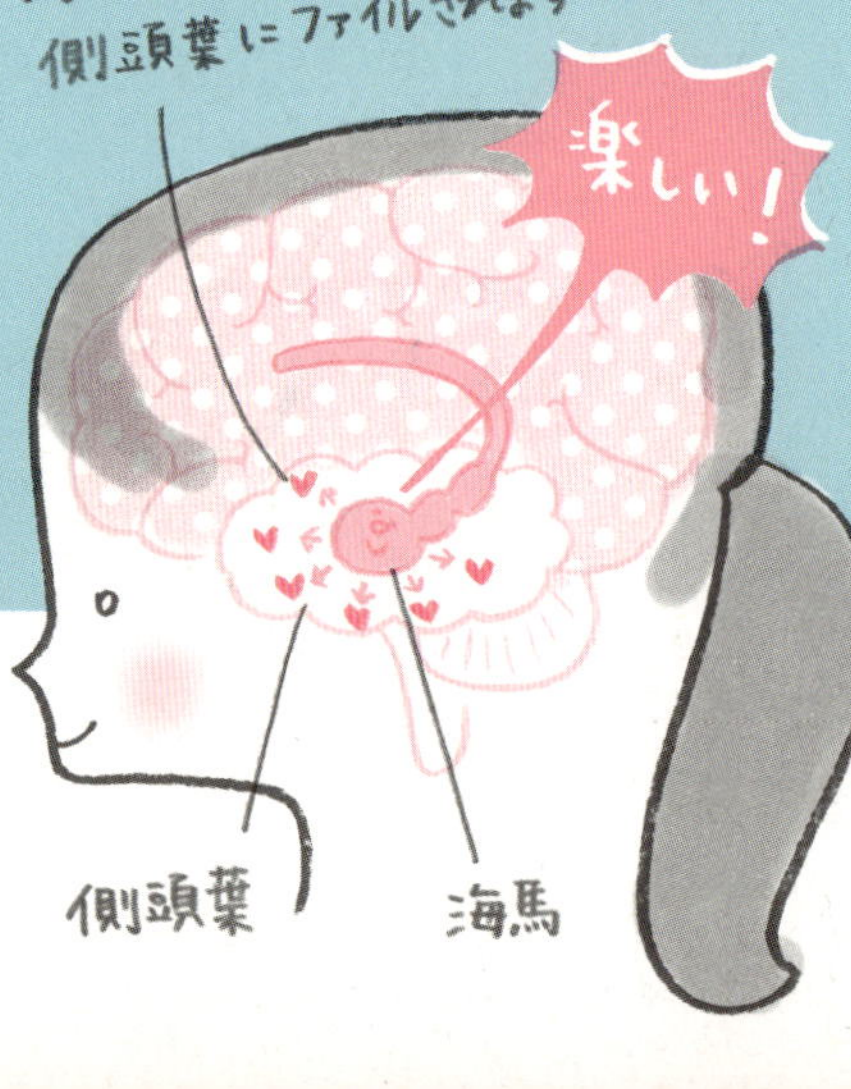
くり返し楽しいことを思っていると、大事な記憶として側頭葉にファイルされます
楽しい!
側頭葉
海馬

MACOワーク

「自分の気持ちがわからない」「迷いがある」ときは、自分の声を聞いて確認！

何かを考えるとき、人はたいてい頭だけで思考していますから、無意識に視線を上に向けていたりします。それは自分の本心より、情報やこれまでの経験をもとに物事を判断しようとしている状態です。こういうときは身体からアプローチしてみましょう。優しく自分のハートの部分に触れてみます。意識が自分の内側に向いて、自分軸に戻れるのです。

やり方

①一呼吸置いて、意識を集中。自分の内側へ向かって、
「本当はどうしたい？」と聞いてみましょう。

②応用として、何がしたいかわからないとき→
「私がワクワクすることってなんだろう？」
どうしたいかわからないとき→
「私はどの方向に進んだらいい？」
と聞いてみるのもいいですね。

※質問が放たれると、脳が自動的に答えを探す作業が始まります。多くはメッセージとして、得られます。
※誰かとの会話や偶然見たブログや本の文章などに現れやすいです。質問の回数は、一度で十分です。

ネガティブな人のための引き寄せワークブック
MACO 著
宝島社／2016年8月発売／1,512円（税込）
引き寄せの常識「ポジティブであれ！」を覆し、ネガティブ思考なままで願いを叶えるコツをワークブック形式で。

中井耀香さんの

神様にひいきしてもらえる参拝のマナー

参拝の仕方によって、神様を怒らせてしまうことがあるとしたら？
神様を味方につける参拝マナーは必須です！

イラストレーション＝別府麻衣

神様は謙虚な人が好き

多くの人が神社でお願い事をします。でもあなたの願い事は叶っていますか？　もしあなたの願い事が叶っていないとしたら、参拝のとき「却下」されているのかもしれません。却下しているのは誰かというと、それは神様です。

あなたは、神様はどんな方だと思って神社に出かけているでしょうか？　あなたは、見えないものに対する畏敬の念を持って、神様にお参りしているでしょうか？

古代の人たちは自然とともに生きていました。大自然である海や山、大地は大きく素晴ら

ここがすごい

神様に引き立ててもらえるようになる

こんな人におすすめ

神様のご加護を感じられない人
神社仏閣が好きな人

しい恵みを、生きとし生けるものに与えてくれます。その半面、自然は一瞬にしてすべてを奪ってしまう破壊の力を持っています。天変地異を見れば一目瞭然です。

古代の人々はこの自然の存在を神として敬い、いただく恵みに感謝するとともに、もう一方にある破壊の力を恐れ、これを鎮めるために祈りを捧げてきました。

見えない力は見える力よりも数倍も強く、恐ろしいということを覚えておいてください。神様は親戚のおじさんのように気軽に接していい存在ではないということです。はっきり言うと、たいへん畏《おそ》れ多い存在なのです。

でも、もし**神様に気に入ってもらえたら、人には想像も及ばぬ力で大きな願いを叶えてくださったり、窮地から救ってくださったりします**。

ですから、せっかくお参りに行くのであれば、**変な参拝をして神様にそっぽを向かれてしまっては非常にもったいない**のです。私は常々、皆さんが、神様に味方についてもらえるようなお参りをしていただきたいと思って活動しています。

神社は神様の家です。単なる観光スポットではありませんので、普段とは違う意識で訪れる必要があります。最も大切なことは、**神様への感謝**です。一人でも多くの人が神様を尊敬することによって、神様がさらにご神威を発揮され、私たちに恵みをくださいます。

どんなに神社を参拝しても、神様を尊敬する態度のない人や、初参拝で自分のお願い事だけを伝える人は、神様のひんしゅくを買うだけで、ご加護は期待できないでしょう。

神様に願いを叶えてもらうためにも、マナーを守ってお参りしましょう。

中井耀香
Youka Nakai

古神道数秘術家。20代の頃より中国占術と出会い、中国超心理学の老師より門外不出の子平推命を学ぶ。玄空飛星派風水、断易などさまざまな中国占術を取得。その後不思議な神縁により日本の古神道の数秘術を学び、中国占術と古神道数秘術を融合させて鑑定を行う。「お清め」をテーマに刊行した書籍は累積15万部を突破。Yahoo占い、LINE占い共に登場と同時に1位を獲得。「奇跡の占い」と定評があり、これまで2万人を超える人を幸せに導いてきた。

教えて！ 正しい参拝の仕方

感謝の気持ちと正しいマナーでお参りしましょう

準備編

どんな服装？

神様に好印象を与える清潔な服装をしましょう。礼服が最適です。男性はスーツ。女性はジャケットを着用します。神様に尊敬の気持ちを表すためにも、軽装や不潔な格好で行くことはすすめません。恋人の両親に結婚の挨拶に行くとなったら、ジャージで行く人はいないですよね。それと同じです。

行く前に決めること

いつ？

●一般的に朝や午前中がよいといわれることが多いですが、あまり気にせず、日没後の暗くなる時間は避ければよいでしょう。

●暗くなると、陰の気が満ちてきます。夜中の神社で丑《うし》の刻参り（呪い）をするのは、夜の神社にいつく魔物の力を借りるため。暗くなったら近寄らないほうが賢明です。

どのくらい？

●参拝回数に決まりはありませんが、神様に覚えてもらうためには、頻繁に行ったほうがもちろんいいです。困ったときの神頼みは、なんの意味もありません。日頃から神様に感謝の気持ちを表し、尊敬すればこそ、ピンチに救いの手が差し伸べられるのです。

●ちなみに私は、毎月1日はマイ神社を参拝しています。また、旧正月の2月4日は、新しいエネルギーに入れ替わるときですから、毎年参拝にうかがいます。ほかには、お誕生日にこの世に生を受けたことを感謝しにいくのもいいでしょう。

どこに？

●三社参りを基本にしましょう。三社とは、**①家の土地の氏神様の神社**、**②マイ神社**、**③行ってみたい神社**です。年初などは有名な大きな神社へ参拝に行く方も多いですが、まずはあなたの住んでいる地域を守る氏神様の神社へ行ってご挨拶をするのがベターです。引っ越しをした際も、ご近所への挨拶より先に、引っ越し先の氏神様の神社にご挨拶に行きましょう。

マイ神社の見つけ方

マイ神社とは、行くと気持ちが穏やかになるとか、いい知らせが不思議とくるとか、自分と相性のよい神社のことです。神社をいくつか巡っていると、よく見かける神様の名前を覚えたりすることもあります。そういったご縁を大切にするのもいいですね。

自分の直感に従って選びましょう。

参拝編

鳥居をくぐる

●神社に足を踏み入れる場所は境界です。そこから参拝が始まります。鳥居の下で立ち止まり軽く一礼。サングラスや帽子などは外しましょう。

●参道の真ん中を歩かず横を歩くことです。参道の真ん中は神様の通り道とされていて、人が堂々と歩くところではないのです。隅っこまではいかなくても真ん中は避けます。参拝が終わったら、鳥居をくぐり、境内を出たら、振り返って一礼します。

手と口を清める

参道の途中には手水舎《ちょうずや》という手と口を清める場所があります。水は古くから穢《けが》れを洗い流すものとされています。参拝に来た方は身の穢れを手水舎で落とします。

～手水舎の作法～

1 柄杓《ひしゃく》を右手で持ち水を左手にかけ清める

2 左手に柄杓を持ち替え水を右手にかけ清める

3 また柄杓を右手に持ち替え左手に水をため、口をすすぐ

4 左手に水をかけ清める

5 最後に柄杓を立てて残りの水を柄に流して清め、伏せて置く

※柄杓には口をつけないこと！また、衛生的にも飲むのは控えましょう。

参拝

●拝殿では、まず一礼して、神前に進み、鈴があれば鳴らします。そしてお賽銭《さいせん》を静かに賽銭箱に入れます。

●拝礼は、二礼二拍手のあとにご祈願をし、それから一礼します。ただし拝礼は神社によって異なります。たとえば、出雲大社は二礼四拍手一礼です。それぞれの神社に案内が出ていることが多いので従います。神社によって参拝の仕方や禁止事項も違いますので、きちんと調べてうかがいましょう。

●最後にまた一礼をして拝殿をあとにします。

お賽銭

●お賽銭は投げ入れません。神様に対しても失礼です。

●お賽銭は本来、神様への奉納であり、願いを叶えてもらうためのものではありません。神社は神様に降りて来ていただくために、常に空間を清浄に保つ必要があるので、実際は管理などに使われています。神社の方が管理してくださることで、私たちは神様にお会いできるのだと思えば、「ぜひそのために使ってください」という気持ちが湧くものです。

お賽銭の金額

お賽銭の金額は、３・６・９の天の数を基準にするといいでしょう。３６９円、３６９０円など、すべての数字が入ってもいいですし、足して３・６・９の数字になる小銭でもよいです。たとえば、１円＋５円＝６円などです。

正しいお祈り

感謝

「仕事がうまくいきますように」「金運がよくなりますように」「結婚できますように」などと実利的なことを願いたくなりますが、それよりも「今、元気でいること」「仕事があること」「今日無事にお参りに来られたこと」などの感謝を伝えることが先です。

小さいことから

お願い事があるときは、小さいことからお願いしてみます。年に1～2回しか尋ねて来ない人から、「イケメンでお金持ちと結婚させてください」とお願いされたら、あなたはどう思いますか？　「なんてあつかましい人」と思いませんか？（笑）神様も同じです。「帰りにおいしいご飯が食べられますように」「この冬はステキなコートが見つかりますように」など小さいお願いをさせてもらい、叶ったらお礼参りをします。そうやって神様に覚えてもらい、徐々にお願いをグレードアップしていきましょう。

宣言

神様が喜ばれるおすすめのお祈りは、感謝と「世のため、人のため」と自分以外の人の幸福を願うこと。もうひとつは「私はこうします！　どうぞ見守っていてください」という宣言です。もちろん宣言しておしまいではなく、日常で、そのように行動し、努力します。そういう姿を神様はちゃんと見て、応援してくださるのです。

お礼参り

●参拝後、願い事が叶ったらお礼参りに行きましょう。誰かに何かをしてもらったらお礼を言いますよね？　それと同様でお礼参りは神様への当然の礼儀です。

●お礼参りといっても普段のお参りとやり方は変わりません。お賽銭を入れて、神様に感謝をお伝えします。

●お礼参りは、いつ行ってもよいものです。神様にかわいがってもらいたいのであれば、頻繁にうかがうようにして、感謝をお伝えすることが当たり前になってくると、神様もひいきしてくれるようになるでしょう。

●神様は、日頃の私たちの行いを見ていますから、すぐにお礼参りにいくことができなくても、そのことに腹を立てたりしません。お願いしたことが叶ったとしたら、神様に感謝の気持ちをもちながら、日々過ごすことが大切なのですね。

●神社参拝でお願い事をしたあとに「あの神社に参拝しても別によいことがなかった」などと言っていませんか？　このような発言も神様にはちゃんと届いています。本来、神社はお願いをするところではなく、感謝を捧げ、誓いを立てにいくところです。苦しいことやつらいことがあっても淡々と受け入れる。そして普段の感謝を伝えに参拝に来る人。そんな人を神様は何とかして幸せにしてあげたいと思うようになるのです。

神様からの授与品

どのような意味があるのか知ることでありがたみが加わります

おみくじ

○おみくじは運試しや占いではありません。ご神託というありがたい神様からのメッセージですから、本来、具体的に聞きたい内容があるときに引くものです。おみくじを引くときは、自分の知りたいと思う事柄を心で神様にお知らせして「お言葉をください」とお願いしてから引きましょう。

○凶が出たからといって何度も引き直すのは厳禁です。神様のお言葉を信じず、聞く耳を持たない証拠です。

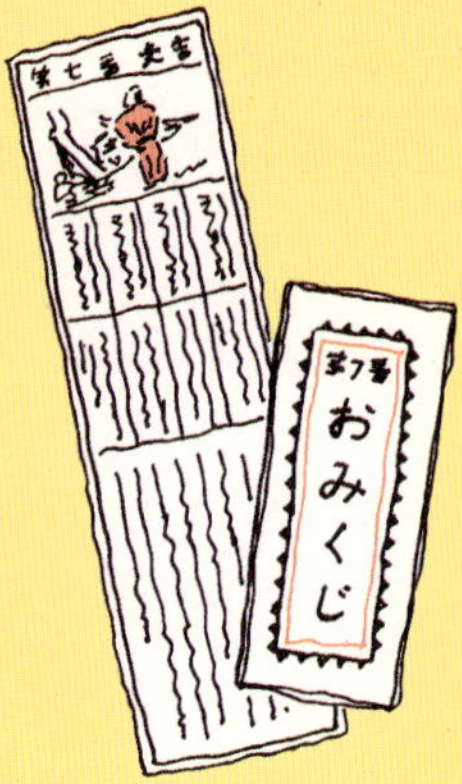

○おみくじは、暮らしの中で気をつけたほうがよい戒めが書かれています。どんなメッセージであれ、境内に結んで帰ってしまっては、神様のせっかくのメッセージを無下にしているのと同じです。おみくじは持ち帰って、手帳などに挟んでおくと、いつも神様からいただいたメッセージを見ることができます。

お守り

○お守りの効力を最大に受けたい場合は、常に身につけること。たくさん持ってもかまいません。

○お守りの効力があるのは神社仏閣で祈祷《きとう》を行っているからです。だいたい1年で、購入した神社にお返しして、新しいものに取り替えましょう。

お札

○お札は、本来神棚に奉るもの。きちんと祀ることができないのであれば、いただかないほうがいいくらいです。家に神棚を設置することができない場合は、神様用のスペースを決め、お札とお供えものをするようにします。

絵馬

○細かく文章が書かれた絵馬が下がっていることがありますが、「一絵馬につき、一願い」が基本です。

御朱印

○老若男女問わず、人気が過熱しているご朱印集め。ただ、悲しいことにご朱印集めを「スタンプラリー」と思っているのか、寺社へ来るなり参拝もせず、一目散に授与所へやってくる人もいるようです。ご朱印とはそもそも写経をして寺社に納めた証しにいただくもの。単なる参拝の証しでは、ご加護はありません。せめてきちんと参拝をしましょう。

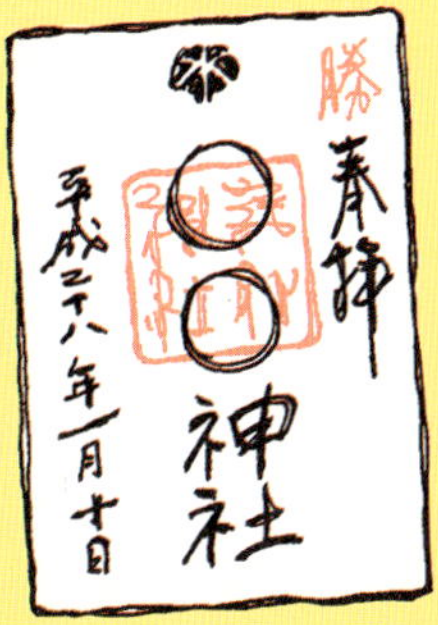

「お清め」ですごい神様とつながる本

中井耀香 著

自由国民社／2016年9月発売／1,296円(税込)

3つの神様につながるためには自分と向き合うこと。本当の幸せへの一歩を後押ししてくれる。

大杉日香理さんの「龍使い」になって引き寄せる

地球が大きく変わろうとしている今、まさしく龍の時代の到来です！

イラストレーション＝Ｓｈｉｎｏ

龍は人間の願いを叶えたがっている

龍と仲良くなって願いを叶える人を「龍使い」と呼びます。選ばれし特別な人だけでなく、誰でも龍と良好な関係を結ぶことができます。

今地球は大きく変わろうとしている時期です。私たち人間の「成長と発展」が試されているときともいえます。

実は、**龍は人の「成長と発展」が大好物**です。私たちの成長をサポートし、魂の成長を助けたがっていますから、**龍の力を借りずにいるのは、とてももったいないこと**なのです。

龍がそもそも何かというと、人間や動物と同じ生命体であり、生き物です。姿形はいろいろですが、本来地球とは別次元からやってきて、影響を与えています。

私たちが存在する地球は三次元の世界ですが、龍はその隣にある別の次元にい

ここがすごい

想像を超えた速さで願望が叶う

こんな人におすすめ

龍に興味のある人、自然が好きな人

る生命体です。次元と次元の間にはエネルギーの境界線がありますが、龍はその境界線を越えて、行き来することができます。

龍が地球へ何しにやってくるかといえば、地球という星を守る手伝いをするためです。たとえば、この宇宙がぶどうの一房だとします。地球は、そのぶどうの実のひとつです。隣が龍のすむ実です。ほかにもたくさん実がありますが、それぞれ「天使の実」「神様の実」と異なる次元で存在しながら、影響を与え合っています。でも、同じ房にあるぶどうの実がひとつしぼんでしまうと、周囲も遅かれ早かれしぼんでしまいますね。宇宙も同じで、三次元の地球のパワーが衰えると、周囲の龍や神様も影響を受けてしまうのです。だから龍は次元を超えて、私たちを助けに来てくれるのです。

龍は、人を助けたくてうずうずしていますから、あなたがコンタクトをとれば、すぐに現れるでしょう。ただし、龍の背中に乗る人は、それなりの覚悟が必要です。龍の背中に乗るとは、龍と個別に契約を結び、人生を後押ししてもらうことです。龍の開運のスピードは人の想像をはるかに超えています。驚くべき速さで人生が好転していきます。そのかわり、人間のほうも新しい運気に見合うだけの成長や努力が求められるのです。

龍は、**世のため、人のため、自分のために努力ができる**かどうか、あなたの心の在り方をいつも見ています。その覚悟がゆらいだり、すべきことをしていない

大杉日香理
Hikari Osugi

株式会社アテア代表取締役。歴史、宗教、心理、文学、ビジネス、経営、スピリチュアルなどの総合的な知識をベースとしたメソッドを体系化し、2011年に株式会社を設立。毎回満席、リピート率も96・5%をほこる「神旅R」をはじめ、通信ファイル「産土神リーディングR」や「御使い養成講座」「龍使い養成講座」なども好評を得ている。法人向けに神縁をつなぐコンサルティングも行う。著書『「龍使い」になれる本』は、9万1000部の大ヒットとなる。

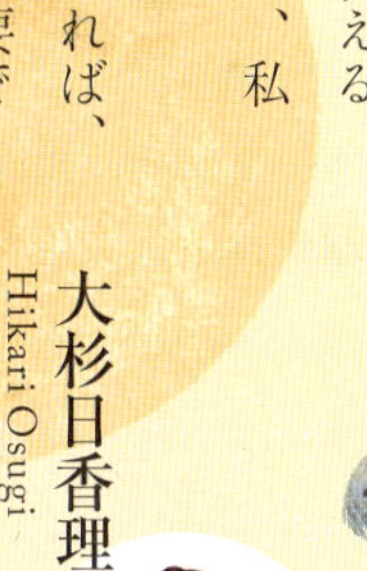

と、背中から降ろされてしまうのです。

たくさんの人が今まで龍と関わり、素晴らしい人生の展開を謳歌《おうか》しています。自分の人生をもっとよくしたい、人の力になりたいと思う人は、早速、龍にコンタクトをとってみましょう！

龍にはどんな種類があるの？

龍は、**龍神**と**龍**の2つに分けられます。

龍神は、龍神を祀《まつ》る神社があるように、神様の種族のひとつです。一方、龍という種族もいます。龍神と龍の一番の違いは、「生き物の生死に関わるかどうか」です。龍神は、守られた聖地や神社にいることが多いですが、龍は身近な自然にも存在します。

また、龍神には格があり、それは影響を及ぼす範囲の大きさによって変わります。

龍神の中で格が高いドンのような存在が、天を司る「高龗《たかおかみ》」と地を司る「闇龗《くらおかみ》」です。**人間が目で捉えられないくらい大きく、地球を取り巻いて覆うほどの大きさ**をしています。そして、龍はこの2つの龍神が管轄するグループに属しています。

高龗が管轄するのが天龍。闇龗が管轄するのが、地龍です。

天龍は、天に向かって拡散していくエネルギー。地龍はそのエネルギーを大地（土地）に広げていきます。

おもな龍の種類

格が高い → 低い

グループ	地龍　地を司る	天龍　天を司る
龍神	闇龗《くらおかみ》	高龗《たかおかみ》
龍	紅龍 黒龍 金龍・銀龍	青（緑）龍 白龍 金龍・銀龍

※なお、龍は個体によって色の濃さや大きさはまちまちで、ほかの色の龍もいます。
※格が下がるにつれ、天龍、地龍の区別はなくなって、金龍、銀龍と呼ばれる存在になります。

格が上がると、そのぶん使えるエネルギーが大きくなり、影響を及ぼす範囲も広くなります。属すグループによって得意分野があります。

○天龍の得意なことは、「出会い運」や「仕事運」など自分の外界に関すること。

・未来や外界に対する願いを叶える
・人とのコミュニケーションを調整する
・未来にワープして、望む現実に変え、そこの人間を引っ張っていく

○地龍の得意なことは、「人間の肉体」や「内面」に影響を与え、現実を変えていくこと。

・心や身体を整える
・人間が生活する基盤をつくる
・エネルギーの浄化
・現在の状況や流れを変える

龍にコンタクトをとる方法

あなたから龍にコンタクトをとろうとすると、龍も後押ししやすくなるものです。

最初にコンタクトするのにおすすめな龍は、青龍と紅龍です。叶えたい未来があるときは青龍を、心身を浄化して元気になりたいときは紅龍をイメージしてお願いしてみましょう。

青龍、紅龍は、数十メートルくらいの大きさ。『まんが日本昔ばなし』のオープニングに出てくる龍や、『ドラゴンボール』の神龍《シェンロン》のようなイメージです。

また、龍へのお願いは、プレゼン形式で行いましょう。具体的に願いを伝えたら、「願いを叶えて成長します」と意思表明するのです。そしてその通り行動します。通常のプレゼンで、「御社の○○の力になりますので、採用してください」などと、アピールしますよね。それと同じです。

①意識する……日常の中で龍を意識すること、龍に関心を寄せることが第一歩です。四六時中意識することはできないと思いますが、龍が好きな神社や自然が豊かな場所を訪れたら、「龍がいるかしら」と気にかけてみてください。

②毎日陽気に過ごす……龍はあなたの力になりたいと思っていますから、どんどん助けを求めてOKです。悩みを抱えると毎日鬱々《うつうつ》としてしまいがちですが、龍に悩みの解消をお任せ

したら、自分は前を向いて、明るく、できることをこなしていきましょう。

実は明るさや陽気であることは、龍にとっての「ご飯」なのです。お願いをしたら、感謝はもちろん、あなたの明るさも捧げましょう。

③コンタクトスポットに行く……龍は私たちの周りにもいますが、龍の好きな場所にこちらから出かけていくと、龍は喜びます。龍の好きな場所の筆頭は神社です。境内の神木に尾を絡めて休んだりしています。そのほか、一級河川や湖などの水辺、山や公園の樹木、雲や風に宿ることもあります。龍の形をした龍雲を見たときは、変化のサインです。人生のターニングポイントが訪れていることを知らせてくれています。

格の高い龍神スポット

神社の龍神は龍たちにとって、上司のような存在。その龍神に挨拶に行くことで、青龍や紅龍との縁結びの効果もあります。ここでは格の高い神社をご紹介します。このほかにも龍神を祀る神社は多くあります。今はネットでも調べられますので、「行きたいな」と思うところに行きましょう。

戸隠《とがくし》龍神（戸隠神社、長野県）、箱根龍神（箱根神社、神奈川県）、江の島龍神（江島神社、神奈川県）、十和田龍神（十和田神社、青森県）、吉野龍神（丹生川上《にうかわかみ》神社、奈良県）、霧島龍神（霧島神宮、鹿児島県）、出雲龍神（出雲大社、島根県）、貴船龍神（貴船神社、京都府）、琵琶湖龍神（竹生島《ちくぶじま》神社、滋賀県）

龍と仲良くなることで得られる変化

最後に、龍と契約をすると、人に現実でどんな変化が訪れるかお伝えしておきます。

①魅力的になる。人気者になる

龍と仲良くなると、身体が細胞レベルで元気になり、若返ります。エネルギーが活性化されるので、見た目にもオーラがパッと明るく輝き、魅力的になります。誰でも光り輝く人のそばに寄っていきたくなるものですから、人が集まって人気者になるのです。

②数字で結果を出すことができる

龍は数字ではかれるような技能や技術を向上させることが得意です。本来、地球を維持するほどのパワーを持っていますから、自分の力だけでは何年もかかることが瞬く間に結果に結びつきます。

③ひらめきやシンクロニシティが起こりやすくなる

あなたが夢中で何かをしているとき、最高のパフォーマンスが無理なく発揮できるようになります。また、問題が起こっても解決策がすぐに浮かんだり、助け舟が出されたりと、直感が冴《さ》えてきます。

④祈りが通じやすくなる

龍は私たちの願いを神様の元に迅速、確実に運んでくれます。たとえば、遠方の神社の神様のところに行きたくても時間がとれないようなとき、龍があなたの代わりに神様の元へ飛んでくれます。

龍に愛されると、人生にも愛される

龍とのお付き合いの基本は、気楽でリラックスしたものです。しかし、龍はなれ合いになってしまうことのない、大人のクールな関係を望んでいます。

龍が好きな人は、自立した人、いつもフラットな人、イキイキしている人、変化を恐れない人、自分らしさが何かわかっている人、成長を願う人、明るく朗らかな人、自分も周りの人も大切にできる人、目の前のことを地道にできる人、何事も責任をとれる人。

一方嫌いなタイプは、ねたみ、そねみ、ひがみから行動する人、傲慢、卑屈、寂しがり屋、利益に目がくらむ人、自分は特別だと思っている人、感情的な人などです。

でも、龍は完璧な人を求めているのではありません。龍は前向きに行動しようという姿勢自体を見ています。龍を信頼して、自分なりに目の前のことをしっかりやっていけば大丈夫。きっと龍にも愛されて、望む人生を歩んでいけるはずです。

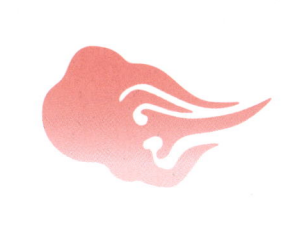

「龍使い」になれる本
大杉日香理 著
サンマーク出版
2016年2月発売／1,404円(税込)
あなたを幸せに導く不思議な存在、「龍」。驚くほど運が上がり、心が成長する、「龍」との正しいお付き合いの仕方。

加藤俊朗さんの

願いが叶う！ 引き寄せ呼吸

呼吸をコントロールできるようになると、人生が幸運のスパイラルに乗るパワーが得られます。

イラストレーション＝平松モモコ

ここがすごい

どこでもできる

こんな人におすすめ

頭で考えすぎる人
ストレスのたまっている人

深い呼吸で潜在意識をきれいに！

人は生きるために、毎日当たり前のように呼吸を繰り返しています。でも意識して呼吸をしている人はほとんどいないでしょう。ですが、みんな健康のために、食べ物に気を使ったり、ジムに通ったりしています。

人は言うまでもなく、食べ物がなくてもしばらく生きていられるものです。でも、今、息を止めてみたら、5分ももたず、死んじゃうでしょう……。食べ物より、息が大事ということなんです。

正しく呼吸ができると、心が変わります。それもいい方向に変化していきます。

「息」という漢字は、「自ら」の「心」と書きます。息の状態はあなたの心の状態を表しているんです。

呼吸の基本は「吐いて、吸う」。「吸って、吐く」ではありません。

現代人の多くは「吸う」ほうがメインになっています。でも、息は吐いたぶんしか入ってきません。だから吸ってばかりいる人には何も入ってこない。当たり前の話です。

湯船に浸かったとき、気持ちがよくて、「はぁー」と大きく息を吐くことがあるでしょう。お腹から息をちゃんと吐くと、心までリラックスするんです。ですから、いつも健やかで、かつ穏やかでありたいと願うなら、息を気持ちよく「吐く」ことが大事なんです。

さらに、大事なことを言います。「吐いて、吸う」呼吸を正しく行うと、心の深い部分、潜在意識がきれいになってきます。

自分の心の状態というのは、いわば潜在意識がつくり出しています(詳細は、次ページの図)。潜在意識はこれまでの人生で蓄積したさまざまなデータがたくさん詰まっているところです。潜在意識にたまった不必要なゴミや汚れをきれいにしなければ、心がきれいになるわけありません。出てくるのは悪知恵、悪習慣ばかりとなります。

ですから、「生まれ変わりたい」「新しい自分になりたい」と思うのだったら、まず息を吐いて、潜在意識をきれいにすることから。心がきれいになったところに、新しく素直な気持ちで願いを届ける。すると、人生うまくいき始めます。

息があなたの人生を決めています。私の呼吸はとてもシンプル。「吐いて、吸う」だけです。呼吸を通して、なりたい自分になって、皆さんが幸せになることを願っています。

加藤俊朗
Toshiro Kato

呼吸法の第一人者。国際フェルデンクライス連盟認定公認講師。厚生労働省認定ヘルスケアトレーナー。産業カウンセラー。1946年、広島県生まれ。横河電機グループや医療法人などを通して、加藤メソッドのレッスンを全国各地で開催。2013年にはアメリカ、ロサンゼルスで呼吸のレッスンを行う。日本を代表する詩人の谷川俊太郎氏に10年以上にわたり呼吸法を指導している。

意識のしくみと呼吸の関係

医学的に見ると、息を「吐く」ことで、自律神経が整います。自律神経は交感神経と副交感神経からなります。その2つのバランスがうまく調和していると、人は健やかでいられます。

イライラ、不安、心配、緊張がある状態は、そのバランスが崩れているからです。そういうときの呼吸は浅く、吐くより、吸うほうがメインになっています。だから、まず腹から「吐く」なのです。

※自律神経の働きは潜在意識が司っています。つまり、呼吸で自律神経を整えることは、潜在意識をバランスよくすることとイコールです。

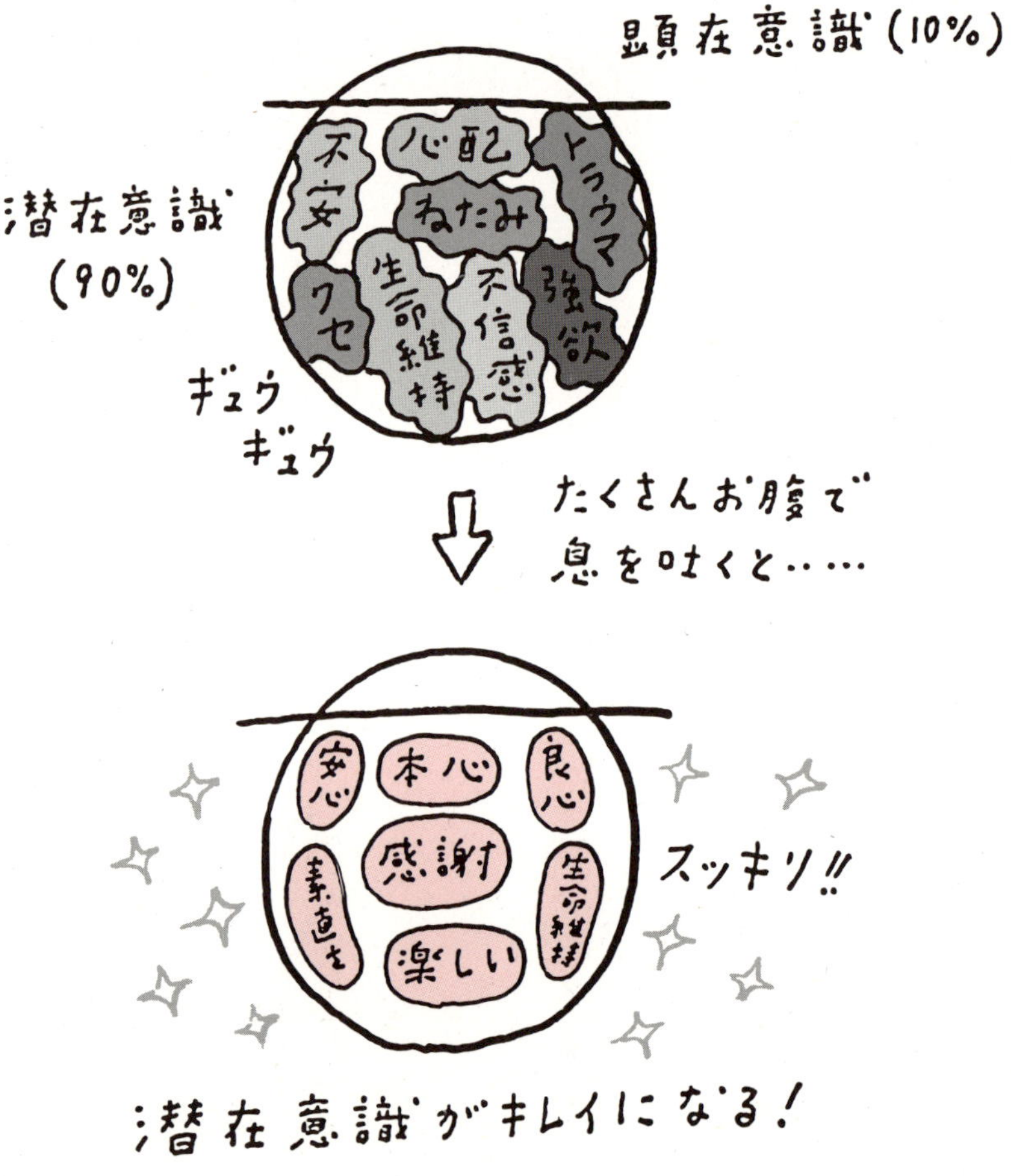

顕在意識(10%)
潜在意識
(90%)
不安
心配
トラウマ
ねたみ
ワセ
生命維持
不信感
強欲
ギュウ
ギュウ
たくさんお腹で
息を吐くと……
安心
本心
良心
感謝
素直さ
生命維持
楽しい
スッキリ!!
潜在意識がキレイになる!

実践　今の呼吸の状態を確認してみましょう

1分間の呼吸の数を数えてみよう！

①ラクな姿勢で座ります

床でもイスでも構いません。「吐いて、吸う」で1回。呼吸に集中して1分間数えてみます。アラームをかけると正確です。

②いくつだったでしょうか？

1分間に20回以上の人はストレスがたまっています。ストレスの高い状態は、自分本来の力を発揮できません。引き寄せ力も下がってしまいます。次ページの基本の呼吸①〜③をやってみるとよいでしょう。

呼吸に
集中して
数える
吐いて
吸って
1回
アラームを
1分間にセット

願いが叶う引き寄せ呼吸

①〜③は基本の呼吸法です。これを習慣にするだけで、心も身体もどんどん整っていきます。願い事がある人は、①〜③のあとに、宣言をしてみましょう。

①呼吸に意識を向ける

仙骨を立てて座り、後頭部からお尻までがまっすぐ一直線になるように姿勢を正します。床でもイスでも構いません。肩の力は抜いてください。目を閉じてもよいです。1分ほど、今、自分が行っている自然な呼吸に意識を向けます。

※仙骨を立てるとは……

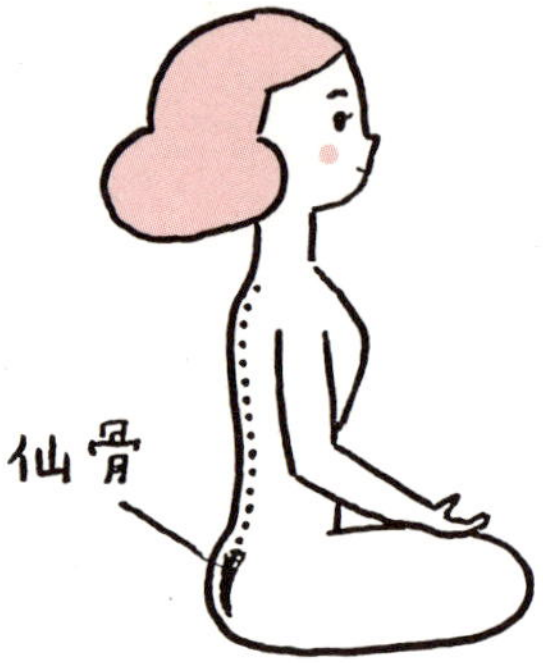

仙骨は、お尻の割れ目の上の逆三角形の骨です。骨盤の中心にあり、全身のバランスに関与しています。手のひらで触り、座面に対してまっすぐに立つように座りましょう。このとき仙骨が天と地をまっすぐに結ぶように、頭のてっぺんから背中がまっすぐになるようにします。

②腹を意識する

①の状態で、腹に意識を向ける、呼吸は鼻で行います。息を吐くときはお腹をスムーズにへこませて、力を抜いてください。自分のペースで1分ほど繰り返します。

③丹田を意識する

②の状態から、へそ下3寸（約9センチ）にある丹田に意識を向けます。息を吐くときは、丹田を背中側に引き寄せ、力を抜いてください。自分のペースで1分ほど繰り返します。気持ちよく行うことがポイント！　頑張りません。

④願い事をする

③の状態で、丹田に意識を向け、息を吐きながら、たとえば「新車が欲しい」と声に出して言います。次に、「新車に乗れた」とすでに願いが叶ったように言ってください。楽しく願いが叶った気分で言いましょう。潜在意識には、あなたが繰り返し繰り返し思っていることが願いとして届きます。

※願望によって言葉を変えてください。

人生が変わる 呼吸の教科書
加藤俊朗 著
KADOKAWA（中経の文庫）
2016年10月発売／648円（税込）

息を正しく吐くと、心が浄化され、人生も好転！ 難しいテクニックは不要！ 1日1分、 即実践！

皇村祐己子さん&皇村昌季さんの

身体をゆるめて夢を叶える引き寄せヨガ

寝る前ほんの5分のリラックスポーズで、健康になり、夢も叶う魔法のヨガです!

イラストレーション=関根美有

身体を本当にゆるめると、潜在意識にアクセスできる

ヨガで引き寄せなんて、「引き寄せブームもここまできたか」と思われている人も多いかもしれませんね。私たちが紹介するヨガはヒマラヤの伝統ヨガであるラージャヨガをベースにしています。ラージャは王様を意味し、あらゆるヨガの元祖となったものです。

一般的にヨガというと、心身を整えるエクササイズのイメージが強いかもしれませんが、ラージャヨガはちょっと違います。

ラージャヨガの真の目的は、「心がスピリチュアルなレベルで健やかになること」です。でも、スピリチュアルなレベルって、ちょっとわかりにくいかもしれませんね。

ヨガでは、心には浅く粗いところから、深く細やかなところまで、何層ものレベルがある

ここがすごい

願いが叶い、健康や美容にもよい

こんな人におすすめ

イメージだけではうまくいかない人
緊張しやすい人

と考えます。その心の一番深い部分を健やかにすることを目的としていると考えるとわかるでしょうか。その心の一番深い部分は、それはそれは強力なパワーを秘めているのです。その深い部分が本当に健やかな状態を保っていると、ちょっとイメージしただけで、どんどん願いが叶い始めるのです！

私たちのヨガ教室は、そもそも心身の健やかさを保つためのものでしたが、生徒さんから身体が元気になったことに加え、「やりたい仕事ができるようになった」「経営する会社が赤字からV字回復した」「プロポーズされた」など、さまざまな願望が叶ったと相次いでご報告をいただくようになり、自生的に「引き寄せヨガ」になったというのが本当のところなのです。つまり、生徒さんは願望を引き寄せるためにヨガをしていたわけではなく、あくまで心身の健康のためにやっていたのに、自然発生的に引き寄せ体質になっていたということです。もっといえば、**伝統ヨガ本来の姿に引き寄せパワーがあった**ということなのです。

しかも引き寄せヨガはシンプルで簡単！　身体が硬くてもＯＫです。ポーズをきれいに決めようとか、難しいポーズをする必要も一切ありません。ただただ、弛緩《しかん》と緊張のポーズを繰り返すことで、どんどん心身をゆるめ、深～くリラックスしていきます。

実は、あなたの心身が深～くリラックスして**心の一番深い部分までゆるむと、潜在意識の入り口がぱかっと開く**のです。そこですかさず願い事をすれば、願いがあれよあれよと潜在意識に届くでしょう。

今回は引き寄せヨガのショートバージョンをご紹介します。

皇村祐己子
Yukiko Omura

インド中央政府公認ヨガ・インストラクター。アカシック・リーダー。サトヴィックライフ・アカデミー代表。青山学院大学卒業。20代初めよりヨガと瞑想をライフスタイルのベースにし、同時期にマーフィー博士の成功法則と出会う。以後、30年にわたりヨガと瞑想、マーフィー理論の実践をしている。

皇村昌季
Masaki Omura

インド中央政府公認ヨガ・セラピスト＆インストラクター。日本ヨーガ療法学会所属。上智大学卒業。外資系企業勤務のち、独立。会社経営と両立させながら聖山カイラスをはじめヒマラヤへの巡礼も行っている。自らの神秘体験と科学的な知見に基づいたスピリチュアリティについての講義が好評を博している。

引き寄せヨガをやってみましょう

〈準備〉

服　装……締めつけない服装で快適なものを。

場　所……静かで落ち着ける場所を確保して。音楽や香りはないほうがいいです。布団の上でOKですが、必要に応じて、ヨガマットやバスタオルを敷いてください。

時間帯……自分がやりたいときに。夕方から夜の時間帯は睡眠の質がよくなります。

その他……すべての動きはゆっくりと。気持ちがいいことが最優先。痛気持ちいい手前の力加減が理想的です。


スタート！

①リラックス

屍《しかばね》のポーズ

☆自然呼吸で力を抜く

ゆっくりと仰向けで横になります。両腕は身体から少し離します。両足は肩幅くらいに広げます。手のひらは上に向け、目を閉じ、全身の力を抜いて完全に脱力します。自分の身体の状態をよく観察しましょう。

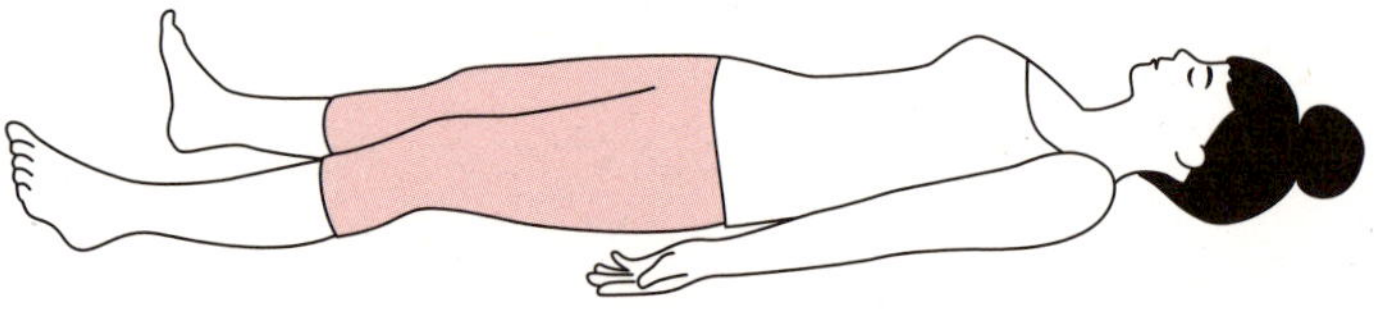

★目は閉じたまま、鼻で呼吸して行います。身体に意識を向けましょう。

②緊張

ガス抜きのポーズ

☆ひざを引っ張って5呼吸・左右行う

左ひざを抱え、腹部に押しつけます。同時に上体を起こして鼻先をひざにつけます。ひざが鼻先につかない人は、痛くない程度に引きつければＯＫ。両手で軽く左ひざを引っ張りながら5呼吸。その間、身体が緊張しているのを感じます。5回目の息を吐いたら、次の息を吸うと同時に手を放して力を抜き、息を吐きながらゆっくり手足を床に戻して脱力。脚を替えて同じポーズを繰り返します。

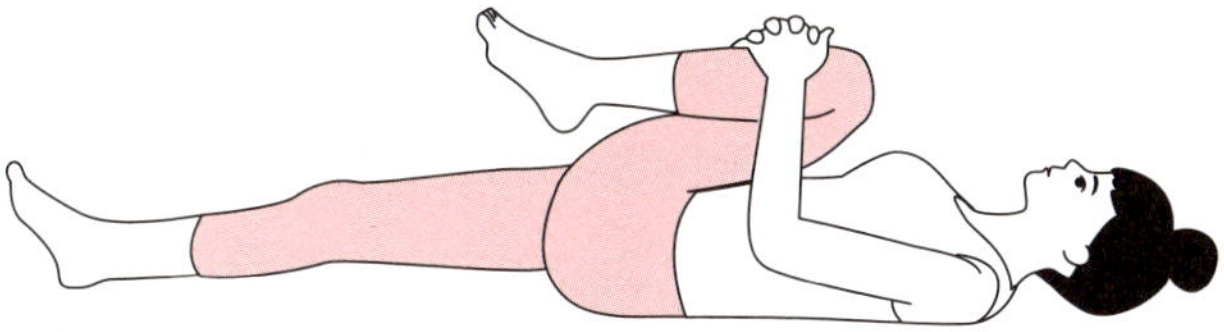

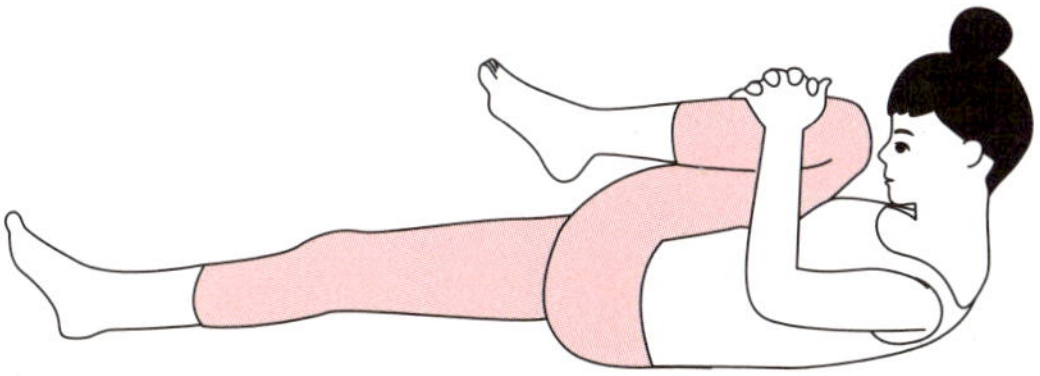

③ゆるめる

屍のポーズ

☆①と同じ。自然呼吸で5呼吸お休み

身体がリラックスしているのを感じます。

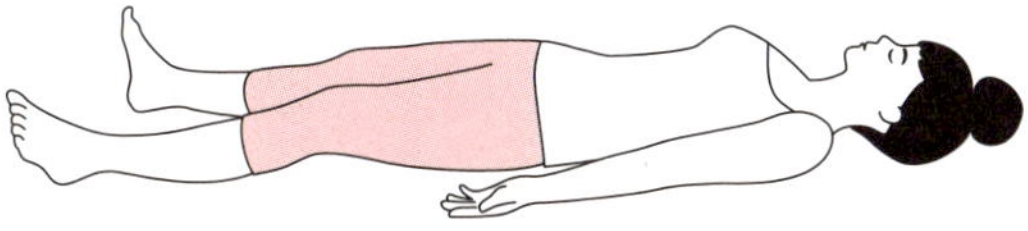

④緊張

コブラのポーズ

☆姿勢をキープして5呼吸

③からうつぶせになり、額を床につけ、肩のあたりの床に両手をつきます。ひじを徐々に伸ばしながら、頭から首、胸、腰へと順番に上体を後ろに反らせます。ひじを伸ばし切った姿勢をキープしたまま鼻で5呼吸。その間、身体が緊張しているのを感じます（背中を反らす姿勢がつらい人は、ひじを床につけたままでもかまいません）。5回目の息を吐いたら、次の息を吸いながら目を開けて、息を止めたまましばらく天井を見ます。目を閉じて、ゆっくり息を吐きながらひじを曲げて上体を床に戻し、脱力します。

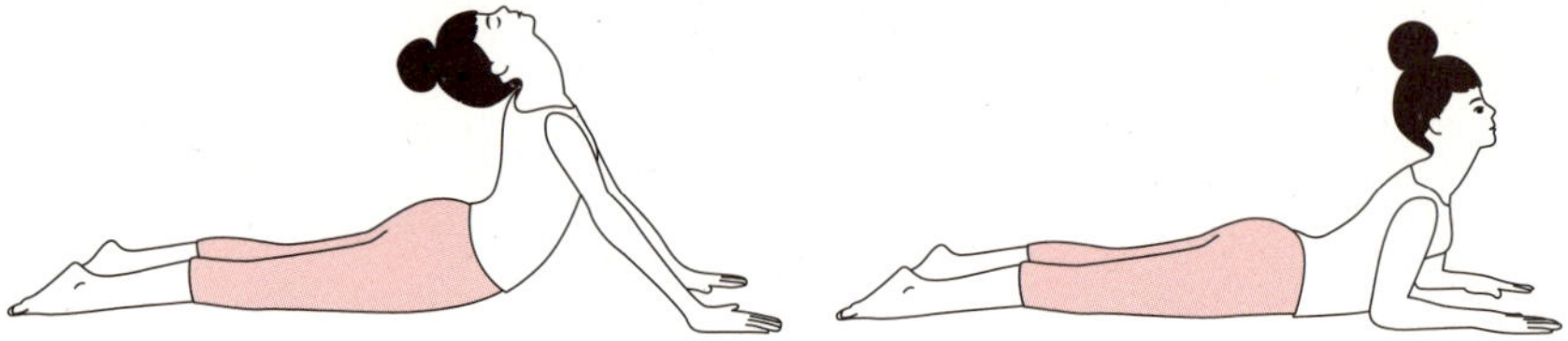

⑤ゆるめる

ワニのポーズ

☆自然呼吸で5呼吸お休み

④からの流れで、うつぶせ。両足は肩幅に広げ、両手のひらを重ねて枕にし、あごか額を乗せます。身体がリラックスしているのを感じます。

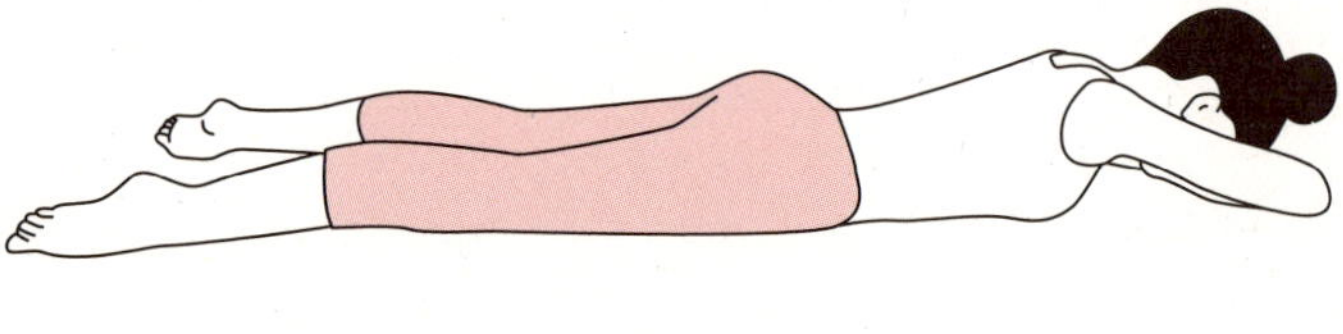

ラスト！

⑥スーパーリラックス

屍のポーズ

☆①と同じ&願望の種まき

無理に息を吐こうとしたり、吸おうとしたりせず、鼻で自然呼吸をしながらお休みします。自然な風が身体に出入りするのを感じながら、完全に力が抜けて深くリラックスしている自分を意識して感じます。

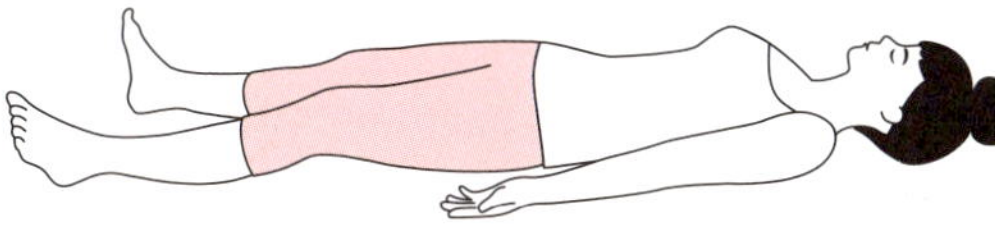

ここですかさず、アファメーションをしましょう！

このスーパーリラックス状態が、あなたの願望を宇宙に解き放ち、潜在意識に届ける最大のチャンス。あなたの願いを宣言するアファメーションをしてみましょう。アファメーションはゆっくりと子守唄のように何度も繰り返しましょう。どんなふうに叶うかは宇宙にお任せです。楽しみですね。

〈アファメーションの例〉

恋愛や結婚「私は理想のパートナーに出会えて幸せに暮らします」
仕事「いつでも必要な助けが差し伸べられ、仕事で大成功します」
お金「今この瞬間も無限の富が流れ込み、私はお金持ちになります」
健康「私や私の周りの人、関わる人たちはみな健康で幸せです」

身体がゆるめば 願い事がどんどん叶う 引き寄せヨガ
皇村祐己子 著、皇村昌季 著
東洋出版／2016年2月発売／1,512円（税込）
1日たった15分で健康と美を手に入れて、さらに願いが叶う魔法のヨガ。

すごい引き寄せ！研究会による

すごい引き寄せ！座談会②

毎日どんなことしてる？どんなこと引き寄せた？

C代　日常考えていることって、たとえばどんなことに気をつけてるの？

A子　「これでいい」じゃなくて、「これがいい」で選ぶ。妥協しない。

C代　それはどんな意味があるの？

B美　「これでいいや」を繰り返していると、「これでいい」諦めの人生を引き寄せちゃう。

A子　そうそう。「今」は過去の選択の積み重ねだから、小さな選択でもぜんぶ「○」にしていくことで、未来も「○」になっていくんですよね。

C代　ごはんとか、そういうことも？

A子　当然です！　ランチはカレーといったらカレー。

B美　最近、「これがいい」で、理想通りの物件を引き寄せたわ。

C代　どんなどんな。

B美　「ペット可、50平米以上、庭かバルコニーつき、駅近、北西に移動」で探してたんだけど、なかなかなくて。いよいよ疲れてきたとき、駅近、ペットもOKだけど、ちょっと狭い、ベランダあるけど、バルコニーじゃないという物件が出てきて。そこに決めちゃおうかなと心が揺れたとき、「本当にここがいいの？」って自分に問いかけたら「ノー」。また振り出しに戻ったと思った2日後、庭つきがキター！

A子・C代　すご――い！

B美　すぐに見にいったら、他の条件も全部クリア。しかも1万円家賃が下がったばっかりで、予算内でいけてラッキー!!

A子　すご――い!!

B美　「これがいい」で選ぶ習慣は、かなり引き寄せに効きます！　あと私、人混みから帰ってきたときや、モヤモヤするときは頭に塩を盛ってお風呂入るんですよ。

C代　マジですか？

B美　憑《つ》きものがとれるのか、スッキリ。写真家の知り合いにグラビアアイドルはいろんな念をもらうからやってるよって聞いて。浄化の儀式。自然塩でね。で、スッキリしてから、アファメーションとか、願いを書き出すとかすると、いい感じなの♪

A子　わかる！　私も塩をお風呂に入れたりしてる。確かに肩とか軽くなる感じありますよね。お風呂では私、Keikoさんがおすすめしてる子宮挟みうちマッサージしてますよ。

C代　どうやるの？

A子　下腹部の丹田とお尻の尾てい骨にある仙骨を両手で挟み込むようにして、オーガニックオイルを使って時計まわりにマッサージ……。女子力が上がる！

B美　気持ちよさそう。お風呂は自分のデトックス＆リスペクトタイムに最高よね。引き寄せは自己肯定感が不可欠だからすごくいいと思う！

C代　お風呂の時間を使えると、忙しい人も取り入れやすいよね。

A子　私はね、もーでっかく引き寄せていきたいんです！　で、5年通っている占い師さんに教わって、左手の中指に馬の蹄《ひずめ》のリング、右の中指にダイヤ入りのリングをし始めた。

C代　何を狙ってるの？

A子　金運アップ！　でもこれは、女性の開運全般に効きそう。左中指の蹄はUの字で幸運を呼び込んで、エネルギーは右中指から抜けるから、ダイヤのリングはストッパーの役目なの。

C代　ダイヤがいいの？

A子　ダイヤは最強の引き寄せジュエリーですよ。キラキラするのが、まず引き寄せにいいし、ダイヤって気高くて、「奪われない」という意味があるんですって。女性にはもってこい！

B美　へええ、いいこと聞いた！

イラストレーション＝いいあい

田宮陽子さんの すべてに「つや」を出して開運

外見も運気に影響する！　これが成功者やセレブの方々からの取材から得た確信です。

イラストレーション＝菜々子

つやを出して光らせるだけで運がよくなる

私は今まで「幸せなお金持ち」「成功者」「大富豪」「セレブ」と呼ばれる方々を１０００人以上取材し、彼らからたくさんの「教え」を学びました。その中でも「一番すごい効果を上げられる」と確信したのが「つやの法則」です。

「つやの法則」とは、顔や髪の毛、爪や歯、そして周りにあるものすべてに「つや」を出して光らせるだけで、みるみる運気がよくなる「魔法の法則」です。ただ「つや」を出しただけで、お金が流れ込み、人に愛され、いいことばかりが連続する「幸せゾーン」に入ってしまうのです。

「え？　そんな簡単なことで!?」と信じられない人も多いかもしれません。でも、これはほんとのことなんです。

ここがすごい

きれいになるうえに開運できる

こんな人におすすめ

幸せなお金持ちになりたい人

私がこのことに気づいたのは、納税額日本一の実業家、斎藤一人さんが言った「**お金持ちとか、成功している人はみんな内側からにじみ出る『つや』がある**」という言葉でした。さらに、各方面で成功している人に話を聞いてみると、「つやというものには、計り知れない不思議なパワーがある」ということをよく知っている人が、たくさんいらっしゃいました。

実は、つやは人間のみならず、あらゆるものの魅力を表す「合図のようなもの」なのです。たとえば、よく熟れているおいしい果物には、とびきりつやがあります。犬とか猫とか、うさぎとかのペットちゃんが、元気でイキイキしている様子を「毛づやがいいね！」とほめたりします。

自らつやを出すことは、天に向かって「私は、絶好調ですよ！」「私は、最高の状態ですよ！」「私は、みんなから求められていますよ！」「私は、人のお役に立ちますよ！」という「旬の状態」をアピールしていることになります。

「神様」という存在がいるのなら、**神様は大勢の中から、つやのある「見つけやすい人」を真っ先に応援してくれる**のではないでしょうか？

だから、つやがあるもののところには、豊かさ（お金）、健康、愛情、素晴らしいチャンスなど、ありとあらゆる「よきこと」が集まってくるようになっているのです。

手っ取り早く、幸せなお金持ちになりたければ、真っ先につやを出しておくことが大切です。

早速、今から自分につやを出すことを心がけ、「つやの法則」を試してみてください。

田宮陽子
Yoko Tamiya

雑誌・書籍の編集者時代、1000人を超えるさまざまな「成功者」を取材。その後、斎藤一人氏の本の編集協力を経てエッセイストに。毎日更新しているブログが反響を呼び、1日平均6万アクセスを記録。アメーバブログ「エッセイ部門」で常に上位に。著書に『お金と人に愛される「つやの法則」』がある。
ブログ：晴れになっても 雨になっても 光あふれる女性でいよう！
http://ameblo.jp/tsumakiyoko

FACE

顔につやを出すとお金に困らなくなる

「つやの法則」で、まず初めに試していただきたいのが「顔につやを出す」こと。

私は「顔につやを出すと、なぜか運勢がよくなる」という、斎藤一人さんの教えを聞いて、軽～い気持ちで「顔につやを出すこと」を始めました。やり方は簡単。クリームやオイルをたっぷり塗って、いつも顔をつやつやにしておくだけです。

私の場合は、顔につやを出したとたん、タンスの裏から忘れていた貯金通帳が出てくるような小さなことから始まり、思いもかけないお小遣いをたびたびいただくようになりました。そのうち、超有名な成功者から、編集協力のお仕事をいただくようになり、その本が大ベストセラーに！　増刷するたびに印税をいただくので、お金の流れが驚くほど豊かになったのです。

私は、それ以来ずっと顔につやを出し続けています。あなたも、やってみてください。顔につやを出すと、早ければその日のうちに、遅くても3日以内に「びっくりするようないいこと」が舞い込んでくるはずです。

顔につやを出すと人にもお金にも愛される存在に。さらに「私は今日もセレブです！」という言葉を毎朝3回唱えると、お金やチャンス、出会いなど、豊かなものが次から次へとやってくる。

HAIR

髪につやを出すと神様が守り助けてくれる

ある有名美容家さんを取材したとき、「芸能人やセレブは、髪のつやにすっごく気を配っているんです」とおっしゃっていました。髪がきちんとブロウされてつやつやだと、それだけで豊かそうな雰囲気が出て美人度もかなりアップするとか。

斎藤一人さんは、「自分の身体は神様の『お社《やしろ》』と同じ。頭には『天の加護』があるから、頭（髪の毛）にはいつもつやを出しておくんだよ」とおっしゃっていました。「天からの加護」とは神様の応援のことです。

お金に困って貧しい人は、なぜか髪につやがなくボサボサの人が多いそうです。いくらお金がなくても100円ショップでブラシぐらいは買えるはず。髪の手入れをしない人は「私なんて価値のない人間だ」（＝たくさんのお金を受け取る資格がない）と思い込んでいます。

髪をブロウして、オイルをつけていつもつやつやにしておきましょう。そうすると「私には素晴らしい価値がある！」（＝たくさんのお金を受け取る価値がある）ということが神様に伝わります。

「髪をとかすのをイヤがる」「なぜかお金の話を避ける」という人の多くに「貧乏神」という邪気がついていることが。とりわけ、つやを出すのをイヤがる人は「貧乏神」がついている可能性大！

NAIL

爪は豊かなエネルギーを受け取るアンテナ

ふとしたとき、目に入る手の先（爪）。汚れていたり、傷があったり、はがれている人に好印象を持つ人はあまりいないと思います。

反対に、爪の手入れが行き届いていて、つやつやしている人を見ると「豊かで幸せな気持ち」が伝わってきませんか？

ある有名な手相家の先生に手の先（爪）には宇宙から豊かさのエネルギーを受け取るアンテナの役割があると教えていただきました。アンテナの先（爪）をいつも、つやつやに磨いておくと、ハッピーなエネルギーをたっぷり受け取れるので、ツキもお金もどんどん引き寄せることができるのです。

ちなみに、女性が爪にネイルを塗る場合は、「透明（つや出し）」「パールピンク」「ベージュピンク」「白（ホワイト）」「ゴールド（ラメもＯＫ）」「シルバー（ラメもＯＫ）」がおすすめです。いずれもナチュラルで、本来の爪がとてもきれいに見える色です。そんな色が金運アップには効果的なんですよ。

宇宙からのお知らせキターッ
すっごくいいことが起こる白い点♪

爪に「白い点」が出てきたら「これからすっごくいいことが起きますよ！」という、宇宙からのお知らせ。反対に「黒い点」が出たときは「よくないことが起こるので注意してね！」のお知らせ。

TOOTH

歯につやがあればあるほどお金が流れてくる

歯が茶色っぽかったり、黄ばんでいる人は、清潔感がなく好印象を持たれません。一昔前に「芸能人は、歯が命！」というCMがはやりましたが、白くてつやつやの歯は、人の運気を上げてくれます。

せっせと歯医者さんに通い、頻繁に歯のクリーニングやホワイトニングで「歯につやを出す」ことを大切にしている成功者やセレブが多いのはそのためです。

歯医者さんをイヤがる人もいますが、歯のケアにかけるお金は大きな価値があり、必ずそれ以上の金額となって返ってくることになります。

実は、私も歯医者さんがすごく苦手だったんです。でも、成功者を取材するようになって、歯がいかに運気に関わるものかがわかり、考えが変わりました。

「歯につやがあればあるほど、その人のところにお金が流れてくるんだよ」とある成功者が教えてくれました。また、人相学的に、前歯が欠けている人は絶対にいけないそうです。なぜなら、前歯に「空き」があると、そこから「お金」が逃げていってしまうからです。

ピッカピカー!!
お金がこぼれない
白い歯!!

前歯が欠けている人は、人相学的にお金が逃げていく相。きれいにそろったつやつやの白い歯はお金をつかまえて逃さない。歯につやがあればあるほど、その人にお金がどんどん流れていく。

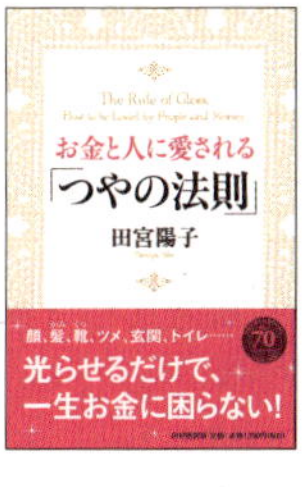
The Rule of Gloss
お金と人に愛される
「つやの法則」
田宮陽子
顔、髪、靴、ツメ、玄関、トイレ……
光らせるだけで、
一生お金に困らない!

ゲッターズ飯田さんの

あなたのそのクセが危ない！不運な引き寄せ習慣

「運が悪いなあ」「全然引き寄せなんてできない」と思うとき、無意識のうちに行っている習慣が、あなたを幸運から遠ざけているかもしれません！

よかれと思ってしていることが、実は欲しい運を遠ざけていることも……。

独自の占い「五星三心占い」をもとに、約5万人以上に鑑定をしてきたゲッターズ飯田さんが、その研究結果をもとに導き出した「開運サイン」を要チェック！

イラストレーション＝えのきのこ

ここがすごい
日々の行動を変えて開運

こんな人におすすめ
どつぼにはまっている人
細かいことは気にしない人

この時間とエネルギーをほかに！

×
靴をたくさん持っている人は……
結婚が遠のく

つま先までファッションに気を使う完璧主義が「結婚」に向かないよう。コーディネート同様、パートナーにも完璧を求めてしまう人が多い。選びすぎ、考えすぎている間に「いい男」はどんどん売れてしまい、気づいたら一人というケースが多い。離婚率も高めです。

UNLUCKY

占いを理解できない人は……
空気が読めない

「運がいい」「運が悪い」とか関係ない、そもそも占いをさっぱり理解できない人は分析力に欠けています。自己分析ができず、他人のこともわかっていないので、とてつもなく空気が読めない発言をしたり、迷惑なことをしでかす可能性もあり。

言い訳ばかりすると……
貧乏になる

相談に来るお金持ちを見ていると、決して人生に言い訳をしない傾向にあります。対して貧乏な人は自分が貧乏なことを社会や他人、はたまた親のせいにします。言い訳と貧乏は連動しているのです。言い訳するから貧乏になるのか、貧乏だから言い訳するのか。どちらにせよやめたほうが金運は上がるようです。

UNLUCKY

割り勘が精神的にラクな人は……
浮気される

男性と常に対等だという意識があり、やたらとおごってもらうのは心苦しいとか、かえって支配されているように感じてしまう女性は、恋愛関係が始まると、尽くして損する傾向にあり、いい人すぎて男性から雑な扱いを受けてしまうことも。特に若いうちはおごられ上手でOK。男性を甘やかしすぎないように！

ゲッターズ飯田
Getters Iida
占い師タレント。1975年、静岡県生まれ。日本福祉大学卒業。1999年、お笑いコンビ「ゲッターズ」を結成。2005年、コンビ解散後は放送作家・タレント・占い師として、テレビ、ラジオ、雑誌、ネットと幅広い分野で活躍中。芸能界最強の占い師として5万人を超える人々を占う。メディアに登場の際はハンチング帽をかぶり、目元を隠すような赤い覆面マスクを着用し、その上からメガネをかけている。

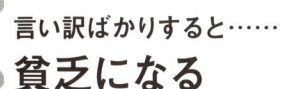

アラフォーなのに ミニスカートだと……
浪費が止まらない

運気という面で考えても、服装は年相応がいいようです。若く見せようと、いつまでもミニスカートをはく女性は、お金に困ります。脚を出せば出すほど、見栄でお金が出ていくのです。年相応の魅力を出せる人は自分に自信があり、積み重ねがある。不自然な若さは実力のないことを露呈しているのです。ただし、年をとってもミニスカートが似合ってこれしかはけないという人は、年下男性との恋愛運が上昇します。そっちを狙ってもOK。

ブランドの紙袋を 捨てられない人は……
出世できない

ブランド品や高級品を買ったり、もらったときの紙袋をいつまでも大切にとっておく人は、物事の本質が見抜けなかったり、努力をしても評価されにくい傾向が（間違った努力をしている）。本当に大切なのは中身だということを忘れないで！

いつもリュックを 背負っている人は……
自分よがりで卑屈

街でリュックはやっぱりヘンなんです。場所に合った装いができない人は、成長できません。「ラクだから」という利便性を最重要視している人は、自分の世界にこもりがちの傾向があります。服装にラクさを求めすぎると運気を下げます。せめて周囲の人たちの雰囲気に合わせたほうが自分の運気も上がります。

ピアスの数が多い人は……
貯金がない

何かと出費が多い、欲しいとすぐに買ってしまう人は、体に傷を入れる星を持っています。ピアスのように体に穴を開ける行為は、親と縁を切りたいという人にも多いようですが、お財布にも穴が開きます。着実にお金持ちになりたかったら、金髪とピアスは避けましょう。ピアスは譲って2つまで、これ以上は貧乏になるだけです。

前髪をパッツンにしていると……
人間関係悪化

おでこは情報と人脈を表す幸運の入り口。前髪で隠してしまうと、人間関係が悪くなったり、交友関係が狭くなります。

朝は絶対和食と決めている人は……
優柔不断、判断力の欠如

もともと和食にこだわる人は、男女とも優柔不断で判断力に欠ける傾向があります。悪友やヘンな恋人とずるずるしやすかったりするのです。ご飯を食べていると自分を抑えられるようになりますが、時々、パンを食べると開放的になれます。

チョコレートを食べると……
どんな人も運気が少し上がる

チョコレートは不思議な食べ物で、食べるとどんな人も少し運気が上がります。特に「チョコレートが好き」な人は、性格がいい加減で、根がエロいのですが、なぜか運がいいのです。踊るとさらに運気が上がる星も持っています。

はやりものが好きだと……
男に浮気されにくい

流行に敏感で、はやりを追いかけるのが大好きな女性は、観察眼の鋭さ、段取りのよさという星を同時に持っていることが多いもの。彼氏の動向を素早くキャッチして、浮気の芽を摘んでしまえます。新しいものより、はやりものかどうかが肝心です。

無洗米を嫌う人は……
お金持ちになる

占いに来るお金持ちの男性は、しきたりや習慣を大事にする人が多いもの。そしてコツコツ働きます。「女性が米を研ぐという最も基本的な食事の支度をしないのはありえない」と思うようです。

LUCKY

ゲッターズさんは、アンラッキーなことばかりではありません。ラッキーなことも教えてくれます。早速、チョコレート買いに行かなくちゃ！ いいクセを身につけて運気アップしましょう。

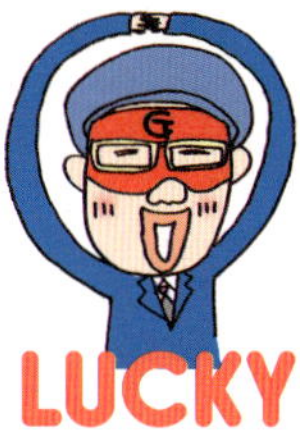

会社員で
人真似がうまいと……

大企業で出世する

周囲にいる人や上司の行動を真似することが得意で要領がいい人は、マニュアルがしっかりしているような大企業で評価されます。真似できるというのは、観察眼と吸収力がある証拠。仕事のコツを覚えれば、どんどん出世します。

鼻やのどが弱い、
さらに「まあいいや」が
ログセだと……

大金持ちになる

生まれつきの鼻炎持ちや、のどが弱い人は、運がよく、自分でも驚くような出会いがあったり、交友関係が広がります。「まあいいや」がログセの場合は、さらに大金持ちになる可能性があります。

コース料理や
懐石料理が好きな人は……

大器晩成

手間暇かけた料理をデートの際に選んだり、ゆっくり料理を楽しむ人は学習能力が高く、計算高いところがあります。年をとるほどに、社会的にも評価される傾向があります。

**決定版! ゲッターズ飯田の
ボーダーを着る女は、95%モテない!
人気No.1占い師が見抜いた
行動と性格の法則224**

ゲッターズ飯田 著

マガジンハウス/2016年2月発売/972円(税込)

人のクセは幸福に大きく影響するもの。5万人以上の鑑定結果から得た「運のサイン」をチェック。

LICA&FUMITO 引き寄せ対談

「覚悟のYES!」で引き寄せる

ファッション界でも活躍する、デザイナーのLICAさん&プロデューサーのFUMITOさん。幼い頃から不思議な能力を持つ二人の周りには驚くべきミラクルがたくさん! 成功体験や引き寄せのコツを伺いました。

ここがすごい

読むだけで前向きになれる
自分に自信が持てる

こんな人におすすめ

前に進む勇気が出ない人
恋愛がうまくいかない人

引き寄せようとしなくても、引き寄せられるわけ

FUMITO LICAちゃんと僕が初めて会ったのは、二人とも20代のとき。LICAちゃんは、すでに売れっ子のファッションデザイナーで、僕は彼女のショーの演出家のアシスタントとしてだったよね。

LICA 懐かしいね。でも、実際会う前に私のこと知ってたんでしょう?

FUMITO うん。『ファッション通信』というテレビ番組で、神木からエネルギーを降ろしてデザインをするという不思議なことをしている女性を紹介していて、それがLICAちゃんだった。強烈でずっと忘れられなくて。会ったとき、「あ、あの人だー!」って、びっくりしたな。

LICA ふふふ(笑)。私は小さい頃からいわゆるスピリチュアルで、光とかオー

FUMITO
クリエイティブプロデューサー。空間演出家。パラレ

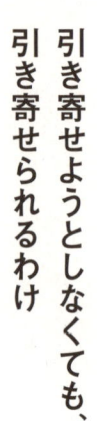

ラとか、目に見えない力のようなものを感じることが普通だったの。デザイナーになってからも本屋さんとかに行くと、ピカって光る本があって、その本は、そのときの自分に必ず役立つものだったり。その中にエイブラハムやバシャールもあって、引き寄せの法則もそういうところから学んで、実践してきたの。

FUMITO 僕はＬＩＣＡちゃんに出会うまでは、スピリチュアルの概念とか、特に意識したことはなかった。

LICA でも、ふーちゃんって基本的な宇宙のしくみやエネルギーや意識のこととか、全部知ってたよね。実家が神社さんだから、特に学ばなくても自然に身についていたんだね。

FUMITO 神道《しんとう》で言っていることと本質的には同じだなって思うところが多かったよ。ＬＩＣＡちゃんと一緒になってからは、それが現実として加速してる感じ！

LICA 宇宙のパワーはほんとすごいよね。皆さんには、そこをまず信じてほしいです。その力は自分の意識しだいで誰でも使えるものだから。

FUMITO ほんと、意識しだいだよね。

LICA 今までも私は奇跡の連続だった。デザイナーになるまでも、パリコレやブランドで30億稼ぐまでも。まったく普通の女の子だったから。

FUMITO ここ数年のことだと、本の出版は大きな引き寄せだったよね。

LICA そう！ 自分がやってきたことをみんなにシェアしたいと考えたとき、本だったら多くの人に届けられると思って。そうしたら、カフェで偶然知り合った女の子の彼が、ある出版社の編集長さんで、彼

ルアース（株）代表。スピリチュアルリーダー。東北の神社の家系に生まれ、自身も國學院大學にて神職の資格を得て、神職としても活躍。現在は、某有名海外ファッション、コスメブランドのパーティやショウなどの空間演出など、イベントプロデューサーとして数々の企業イベントを手がけている。

ＬＩＣＡ

ファッションデザイナー、「zechia」総合衣装プロデューサー。スピリチュアルリーダー。24歳でファッションブランドを立ち上げ、パリ・コレクションなどに参加。デザイナーとしての夢を実現させる。その後、大阪、東京に直営店をオープン。ＭＩＳＩＡの「アジアツアー」衣装総合プロデューサーとしても活躍。アートプロジェクト「TOKYO RECYCLE PROJECT」をワシントンDCのスミソニアン博物館、シドニーのパワーハウスミュージアムなど、世界の博物館で発表。

の助言でブログを始めたり。でも、はじめの出版が頓挫しかけたとき、「出版は難しい」ってビリーフ（信念、思い込み）ができかけたこともあった。

FUMITO 「難しい」とか、ネガティブなビリーフが入っちゃうと、願望実現までに時間がかかっちゃう。だから、周波数を上げることを二人でいっぱいしたね。

LICA そうそう。そういうときは、今ココに集中するのが一番。今この瞬間瞬間、楽しいことをするに限るね。映画を観るでも、ショッピングでも、なんでもいいから。そうしたら、1週間後にきた！

FUMITO それが二人で出した一冊目の本『次元間トラベリング』（ヒカルランド刊）だった。ビリーフができてしまうのって、やっぱりみんな、今の自分を認めることがなかなかできないからかな。

LICA そうなの。そこが引き寄せの基本なのに、飛ばしてる人が多い。まず、今ここの、ありのままの自分に「YES！」を出してあげる。自分を認めないうちに「こうなりたい」「ああなりたい」としても、その背景で「今の自分はダメ」としていると、ダメを引き寄せてしまう。ありのままの自分を認めることで、今、ここに戻れる。否定からは周波数が上がらないから。

FUMITO 自分を認めることを、難しく考えている人が多いと思うんだけど、結局は、自分が本当にしたいほうを選ぶだけのシンプルなものだよね。

LICA 「どうすればいい？」って方法を知りたがるのは、ハウツーを欲しがる私たちの思考のせいだよね。みんなそこにハマっちゃう。でも、ハウツーじゃなくって、選ぶだけ。たとえばセミナーで、迷い

自分を受け入れることで、
他者も受け入れられる。
今だからこそ、自分の内側に
意識を向けてほしい
——FUMITO

「自分を知って、信じて、愛して」
このメッセージが、すべてを「YES！」で
受け入れる発端になったの
——LICA

がある生徒さんに、「自分を信じる、自分を信じない、どっちがしたい？」って聞いてみると、「自分を信じたい」って必ず言う。「じゃあそれを今、ここで選んだらいいんだよ」って伝えるの。そうすると、ストンと腑《ふ》に落ちて、前に進めるの。

FUMITO　「どっちを選んだら自分は幸せ？」。そこからだよ。日常の小さなことでも、自分が好きなこと、本当に必要なことを選択する練習をしていくといいかも。

LICA　自分にどれだけ価値を置くか、どれだけ自分を大事にしてるかで引き寄せる現実は変わるんだよね。

自分の気持ちに正直になることから

LICA　「こうしたい」って本気で思ったとき、やっぱり「覚悟のYES！」が必要になってくると思うの。

FUMITO　意識のベクトルが違うと、望まないほうを引き寄せたりしちゃうよね。

LICA　ベクトルが自分に向いてなくて、周囲に向いていると、ズレていく。たとえば、恋愛はわかりやすいよね。相手にどう思われたいか、相手にどうしてほしいか、相手を判断の基準にしがちでしょ。でも、「自分はどうしたいか」のほうが断然大事なの。今の関係が壊れるのが怖いから彼に本心を聞けないとかあるんだけど、そこでうだうだしてる自分に「本当にそれでいいの？」「それで幸せ？」って、一度問いかけてほしいな。

FUMITO　そこで「覚悟のYES！」をして、彼に聞いてみる、と。

LICA　そう。自分が幸せになるための覚悟だし、行動だから、絶対いい方向に進むのね。もしかして今の彼とそこでさよならしたとしても、次に現れた人とハッピーになれたりする。実際にそういう人はもう、ものすごーい数、何人も見てるから！

誰でも「覚悟のYES！」が必要な時代

LICA 今年（２０１６年）の9月10日頃を境に、地球は大きなエネルギーシフトが始まったでしょ。今年はすごく台風が多かったけど、台風が去るたびにエネルギーが一変して、二人で「めっちゃすごいエネルギーきてる！」って大騒ぎして。

FUMITO そうそう。それにどんな意味があるかっていえば、自分の思うこと、感じること、ありのままに生きたいっていう思いに、もうみんなが耐えられない状態になってきてるのかなって思う。

LICA ほんとに自分に正直に、本音で、本当の自分を生きないと、どんどん苦しくなっていくよね。

FUMITO 今会社を辞めて、新しい働き方をする人が増えてきてるよね。引き寄せの法則をきっかけにそうなる人もいる。それってもう、自分をごまかせないっていうか、自分に正直にならないといられないくらいの感覚になってきてるから。

LICA 「覚悟のＹＥＳ！」をしている人が多くなってるってことだよね。

FUMITO そう思うよ。そのおかげで、初めて自分が変われましたっていう人から、いっぱいブログとかにコメントをもらうし。

LICA 本当の自分になって、本当にやりたかったことをやって癒やされる人や、

本当の自分になって、
本当にやりたかったことをやって癒やされる人や、
幸せになった人がいっぱいいる。うれしいよね
——FUMITO&LICA

幸せになった人がいっぱいいるの。うれしいよね。

FUMITO　本当に。僕自身のことでいえば、僕は福島出身なので、3・11（東日本大震災）はやっぱり究極だった。エネルギーシフトはあれくらいから徐々に始まってたと思うけど、地元の親や友達を思うと切実で……。そのときLICAちゃんにも相談したよね。「ホントに自分はこのままの人生でいいのか」とかって。それで会社を辞めて、自分が思うこと、感じることをやっていくべきだと決断した。

LICA　ふーちゃんは潔く、「覚悟のYES!」をしたね。

FUMITO　そこから本当に変わった。その頃から本にしたようなエネルギーのオーヴや精霊が写真に映るようになったり。

LICA　今きている大きな波には本気で乗らないとダメ。本気で覚悟してサーフボードに乗ったら、最高のギフトがあるから。

FUMITO　中途半端ではなく、本当は自分はどうありたいか、という意識がやっぱり大事。

　神社に行くと、みんな「健康でありますように」とか、あらたまった気持ちで意識を集中してお願いするでしょ。すると、「ありますように」の状態が現実として返ってくる。「○○に感謝します」とすれば、感謝されたり、したりする状態が自分に返ってくる。それと一緒だよね。

LICA　自分の意識の在り方をもう一度確認してほしい。本当に望むものに意識を集中して！　自分がその思いにコミットすればするほど、自分に返ってくるはずよ。

人生が輝きだす
YES!の魔法

LICA 著
宝島社
2015年9月発売／1,512円（税込）

ありのままの自分を受け入れたときに、愛、お金、望みはすべて手に入る！

幸運を呼びこむ
不思議な写真

FUMITO 著
サンマーク出版
2015年8月発売／1,296円（税込）

見えない世界の不思議な力が感じ取れる画期的な写真集

はづき虹映さんの

金運を上げる！お財布&バッグの選び方

毎日持ち歩くバッグと財布。賢く選び、愛着を持って大切に使うことで金運がぐんぐん上昇！

イラストレーション＝毛利みき

お財布とバッグはセットで整えると、金運アップ！

あらゆる持ちものには、それぞれの役割があります。中でも、お財布とバッグは金運アップのカギを握る重要なアイテムです。

お財布は「お金の家」というべき存在。私はお財布にはお金の神様がすんでいるとお伝えしていますが、居心地がよく、お金の神様が友達を連れてきたくなるような「家」に整えることが理想です。ぜひ一度、お金の気持ちになって、自分のお財布のことを考えてみましょう。あなたは、もし自分の家がモノにあふれてゴチャゴチャで、外観の汚れもひどく、くたびれていたら、そんな家に心から帰りたいと思うでしょうか？　そこに友達を招きたいと思いますか？　この「あなた」の部分を「あなたのお金」に置き換えてみると、わかりますよね。

ここがすごい

持ちものを替えるだけで、開運できる

こんな人におすすめ

おしゃれが好きな人
特に金運を上げたい人

厳密にいうと、財布はお金にとっての家の一部、「玄関」です。現金だけが、「お金」ではありませんね。クレジットカード、電子マネーや銀行の預金、株式証券、土地や建物などすべてがあなたの財産です。持ち運ぶことや、直接目で見ることができなくても財産と呼べるものはさまざまにあるということですが、お財布はあなたのお金の象徴、いわば店構え、最初のゲートなのです。お店に入るか決めるとき、外観の雰囲気や、入り口の様子でほぼ決まってしまうもの。お金にとっても同じなのです。

一方、バッグは「持ち歩ける自分の家」といえます。特に女性は、財布をバックに入れて持ち歩くことが多いと思いますが、女性にとってのバッグは、元来、家を守ることや内側をケアする女性性のエネルギーの象徴とされています。

モノたちにとっても、バッグはまさに家のような存在です。今、自分のバッグの中に何がどれだけ入っているかわからない人は、自宅の状態はもちろん、普段の心の在り方も整頓されておらず、迷いが多かったり、生き方が定まらなかったりという傾向があるといえるでしょう。気をつけてほしいのは、お財布だけをきれいにしても、入るバッグが汚かったら、せっかくのお財布が持つ金運が逃げてしまいかねないということです。

きれいなお財布の気持ちになってみるとわかりますが、中身がゴチャゴチャのバッグの中に喜んで入りたいと思うでしょうか？　そこで居心地よく過ごせるでしょうか？

金運を底上げするためには、財布とバッグを両方セットで、見た目も中身も整えることが、最も効果的な最初のアプローチになります。

はづき虹映
Kouei Hazuki

作家。1960年、兵庫県生まれ。関西学院大学経済学部卒業。大手百貨店に勤務後、広告代理店・企画会社を設立するが、阪神・淡路大震災を機に「こころ」の世界に目覚める。古代ユダヤの智慧「カバラ数秘術」をもとに、大胆な独自の編集を加えた運命診断法として「はづき式数秘術」を確立。現在は経営コンサルタント業と並行して、おもに「占い」「スピリチュアル」「自己啓発」を中心に精力的に執筆活動を続けている。

お財布

お財布は**「生もの扱い」「鮮度が命」**のアイテムです。

ずっと同じお財布を使い続けているということは、お財布のくたびれ度合いに応じて、ジリ貧になっていくことは避けられません。お財布は自分の金運アップに伴って、1～2年で買い替えて、常にリフレッシュさせることが肝心。高級ブランドのお財布であってもそれは同じです。

そもそもお財布にとって、ブランドかノーブランドかは問題ではありません。分相応という言葉がありますが、すべてはバランスです。**お財布は「お金の家」**であり、あくまでお金が主役と考えれば、「お財布自体の値段」＜「お財布の中身の金額」が鉄則です。ブランドかどうかより、色、形、材質、裏地といった機能を重視して選ぶとよいでしょう。ひとつの目安としては、年収の約1／100～1／1000の範囲です。年収500万円なら、5千～5万円となります。少々幅が広いですが、無理のない予算内で購入することです。

こんなお財布がGOOD

1 お財布は1～2年で買い替えます。常に清潔で汚れがなく、美しいものを。

2 形は、長財布が◎。整理整頓のしやすくお札が広々と過ごすことができます。

3 材質のおすすめは、牛革です。牛は古来、豊かさの象徴とされてきた動物です。

4 裏地は家の内装に当たりお金にとっての居心地のよさの決め手に。触り心地や状態がよいものを。

5 いい感じの店で、いい感じの人から購入を。特に、お店自体に金運がついているような流行っている店が◎。

6 お財布は年収の約1／100～1／1000を目安に購入を。「お財布自体の値段」＜「お財布の中身の金額」が基本。

1万円札は上座に
ほかの紙幣とは別の専用場所を用意しましょう。

上段
1万円札の定位置
中段
見せ金スペース
下段
ふだん使うお札
クレジット
キャッシュ
プリペイド
（お金に直結するカード）

1万円の新札を用意
新札はまだ色のついていないニュートラルなエネルギー。あなたの元にやってきたお金がもしネガティブなエネルギーを持っていたとしても、浄化してくれるパワーがあります。

お札は人物の頭を上にして
向きをそろえておくと、エネルギーに勢いが増します。すべてのエネルギーは「出すのが先、受け取るのは後」です。気持ちよく送り出す（払う）ことが大切です。

メンテナンス　●月に1～2回、「満月の月光浴」をすると◎。お財布の中身をすべて出し、空っぽにします。ベランダや窓辺などで満月の光をお財布に当て、内側にも光が当たるように、3回ほど開けたり閉めたりしながら、「私は今、とても豊かで恵まれています。さらなる『豊かさ』をありがとうございます」などとアファメーションします。続いて、3回ほど振ります。滞ったエネルギーの浄化と満月のパワーで金運アップにつながります。その際、不要なものが紛れていないかもチェックしましょう。
●メンテナンスは、満月の日と、毎月17日もおすすめです。数字の暗号で17日は「明確な方向性を持ち、拡大していく、現実的で豊かなエネルギー」という意味があります。

バッグ

バッグ自体には、これといった形、材質、大きさのおすすめはありません。バッグを含め、その人の持ちものを見ると、どんな人かがわかると、私は思っています。

私たちは自分が選んだものにどんどんふさわしい人になっていくものです。もしも、とてもおしゃれな女性のバッグの底が真っ黒だったり、パンプスのヒールの革がめくれてボロボロだったら、「実はだらしのない人かも」と思いませんか？　持ちものからその人の本質が透けてみえていると同時に、「私はそんなふうに雑に扱われてもいい人間です」と暗に周りの人に訴えていることにもなります。

バッグは、「**持ち歩ける自分の家**」です。さまざまなモノたちがそれぞれの力を十分に発揮できるように、夢ややすらぎを与える生活の基盤となる使い方、扱い方をすることが、自分の運気をも左右してくるのです。

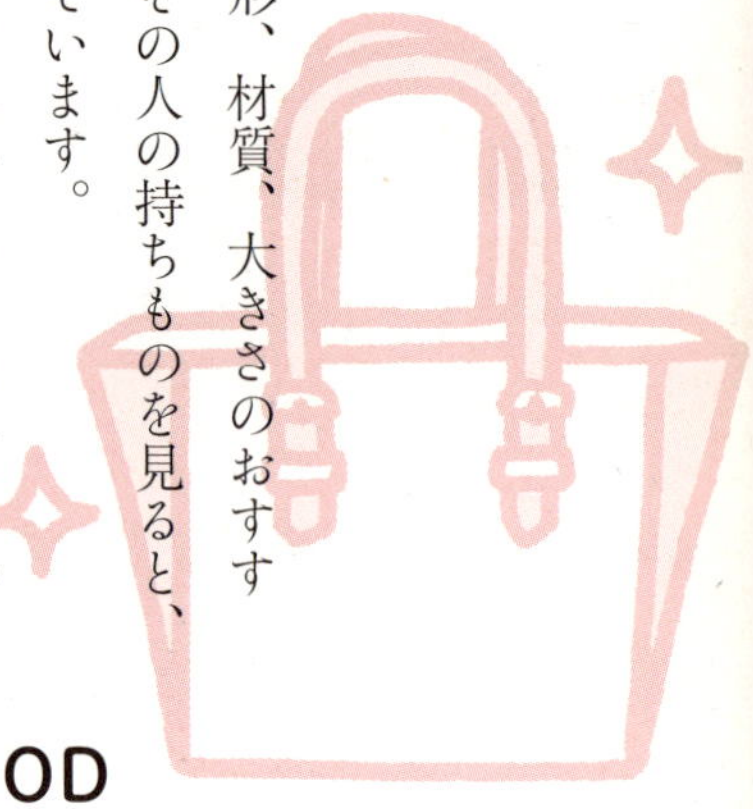

こんなおバッグがGOOD

1 バッグの外見は型崩れや汚れがなくきれいなものを。

2 バッグの中身はどこに何があるかがすぐわかる状態に。

3 家に帰ったら、バッグの中身はすべて出し、一度空っぽに。エネルギーをニュートラルに戻します。

4 バッグは地べたに置かないこと。地べたはいわゆる「穢《けが》れ地」置いてしまったときは、濡れ布巾で拭いてきれいに。

5 バッグの収納は縦に置くと◎。ほかのバッグと積み重ねてしまうと、エネルギーがごちゃ混ぜになります。

6 モノを入れすぎない。幸運の神様は何もない空間に降りてきます。新しいものが入る空間をキープして。

お財布はバッグの上座に
持ったときに、体に一番近い場所に置いてあげましょう。自分にとって一番大切なものの定位置を決めておくと、そこから連動して、自然とモノの位置が決まってきます。

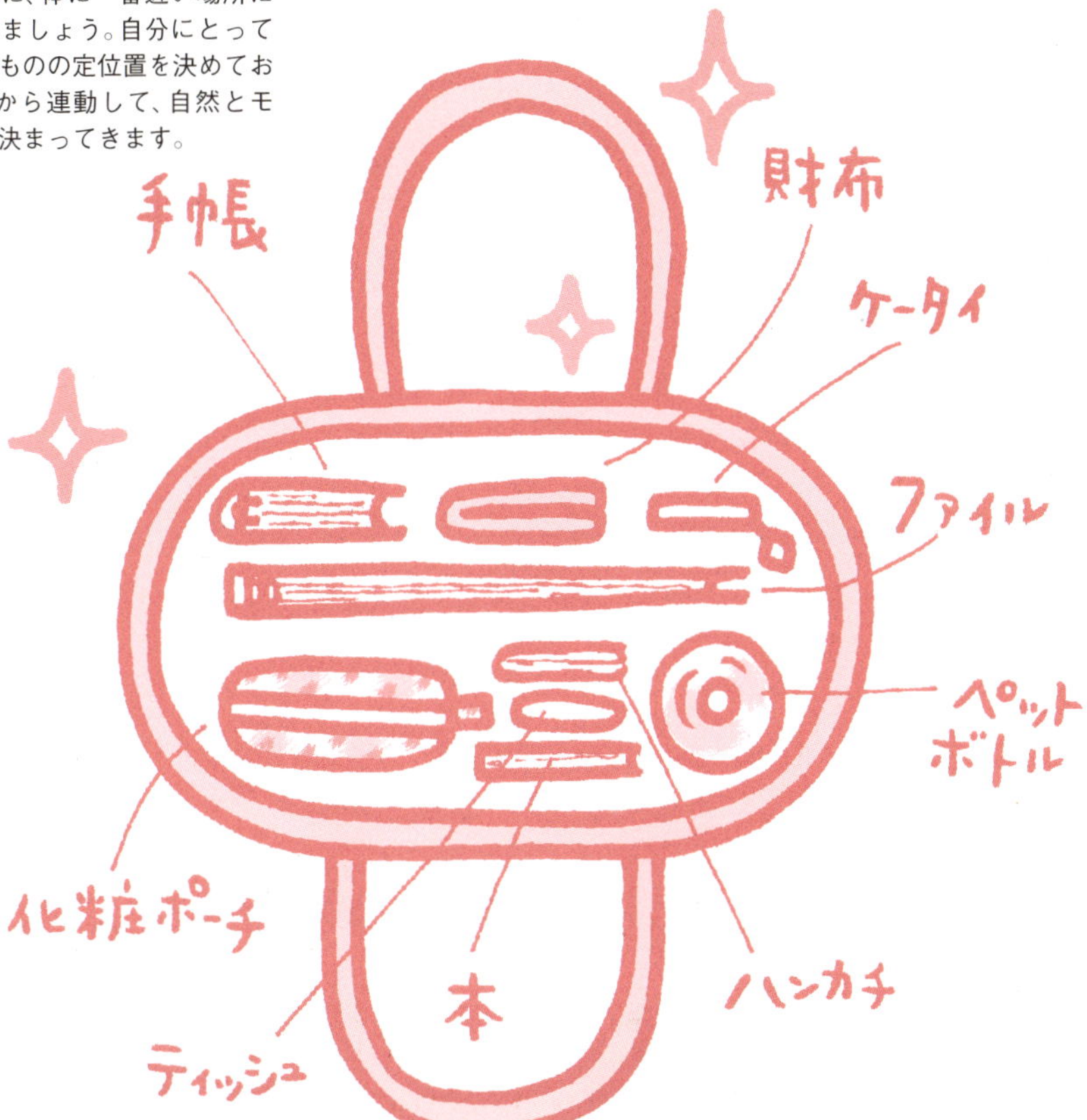

カテゴリー別に収納
トートバッグのような収納スペースが広いバッグは、バッグ・イン・バッグや、ポーチなどをうまく使って、モノをカテゴリー別に収納してあげると見た目もスマートです。

モノを入れすぎない
神社など神聖なスポットはスペースが広く保たれているもの。神様が降りてくるためには、空いたスペースが必須なのです。モノで隙間なく塞いでしまうことは、運気を下げます。

バッグ＆お財布の目的別おすすめカラー

☆新たな金運の流れを呼び込みたい ⇒ **暖色系**（赤、オレンジ、黄色、ゴールドなど）

☆着実に財を成したい ⇒ **寒色系**（ブルー、紺、紫など）

☆ネガティブなお金の流れをリセット ⇒ **中間色、パステル系**（グリーン、ピンク、白など）

☆現在の金運をキープしたい ⇒ **生成り**（素材そのものの色、茶色、黒など）

☆セレブ、上級者 ⇒ **柄もの**（ロゴプリントなどの総柄、ゴージャスで派手な印象のものなど）

名刺入れ

名刺は「家の表札」的役割を果たします。

それを預かる名刺入れは、あなたのアイデンティティーを守る場所といえます。名刺入れがボロボロだと、「私はこのレベルの人間です」と自分で宣伝しているようなもの。使い込んで角が丸くなってきたり、汚れや傷が目立ったりする前に取り替えましょう。

特に経営者、フリーランサーは、安価なものや「とりあえず」で選んでいると、自らの品格を下げてしまいます。少し奮発しても上質なものがおすすめ。色や素材、デザインは気に入ったものでかまいません。

いただいた名刺は、その日のうちに別の保管場所へ移動を。そうしないと自身のキャラクターが揺らいでしまいます。

手帳

自分にとってテンションが上がるものを選んで。機能優先、見た目優先と、人によって選ぶ手帳は180度違います。もしあなたがよりよい知識、情報を求めているなら、今よりもグレードアップしたものを選ぶのがおすすめです。

ペン

自分が最高に気に入っているものを選ぶことが大切で、値段やブランドは関係ありません。言葉のエネルギーで自己表現を担うアイテムですから、字が上手下手に関係なく、丁寧に書くことで言霊とともに、情熱を表に出す役割があります。

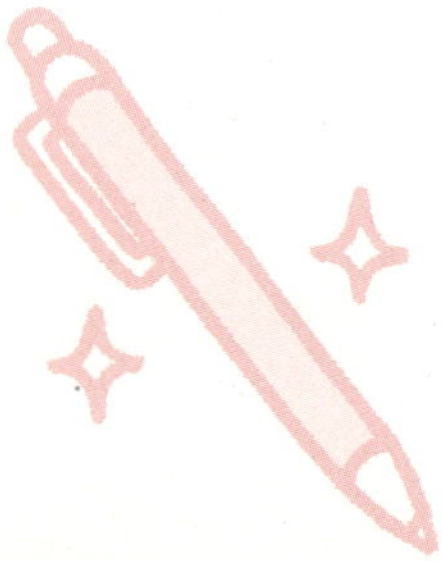

運気を上げたいときは、新品が最強！

モノは、持ち主の深層心理を表していると同時に、持ち主の波動の状態とも共鳴しています。長年飼っているペットが飼い主に似てくるといわれますが、モノも同じ。あなたの持ちものはあなたの波動をまとって、あなた好みに変化してきます。長年愛着を持って使われてきたものは、愛情が込められ、なんとなくエネルギーが高そうな感じがしませんか？

モノを大切に使うのは、素晴らしいことですが、私は、モノのエネルギーは、新品のまっさらな、ニュートラル状態が一番高いという考えを持っています。どんな思いにも質量があります。たとえポジティブな思いであっても、「思い」は「重い」のです。ですから、どんなものであっても長年にわたり思いが込められていると、必ず重くなって劣化します。

極論ですが、運気アップのためには毎日新品が使えるのであれば、それに越したことはない、ということです。

といっても現実的には難しいので、たとえば、毎日下着やタオル、ハンカチを洗濯したてのものに替えるなど、「新しいもの」を日々の生活に取り入れることが、運気をアップグレードしてくれます。

あなたのバッグには
神様が宿っています！

はづき虹映 著

KADOKAWA／2016年4月発売／1,404円（税込）

一瞬で開運できる物の持ち方、
選び方。中身ぐちゃぐちゃの
バッグとはサヨウナラ〜。

林秀静さんに聞く

玄関、トイレ、リビングで人生を変える！おそうじ風水

家をきれいにするだけで、運気も自然にアップするちょこっとおそうじ術を紹介します。

イラストレーション＝関根美有

ここがすごい

ちょこっと掃除で開運できる

こんな人におすすめ

全体運を上げたい人
きれい好きな人

住まいのきれいさ＝運のよさ

いい運気が巡っている人の家は、どこもすっきり片付いていて、例外なく掃除が行き届き、清潔感にあふれています。

風水は環境学で、住まいと人の運には関係があります。ずばり、あなたの家の状態は、あなたの運を表す鏡のようなもの。家の中をきれいにすると、住む人の運もアップするのです。「風水」というと間取りや方角ばかり気にする人もいますが、完璧に風水がよい家に住んでいる人は、ほとんどいません。日当たりに問題があったり、トイレと玄関が隣接していたりと何かしら弱点はあるもの。しかし、毎日掃除をしていればその弱点を十分カバーすることが可能なのです。

とはいえ、現代人は忙しい。毎日家中すみずみまでピカピカにおそうじできる人ばかりではありませんよね。忙しい人、掃除が苦手な人のために、もし風水の視点できれいにすべきエリアを選ぶとしたら、この3つです。

①玄関　②トイレ　③リビング

この3か所は、大きな運気を決める場所。玄関は、外からもたらされる運気、中でも仕事運と対人運を象徴しています。トイレは、おもに金運を。リビングは金運、事業運、家庭運と関係しています。

毎日せっせときれいにすればするほど、運が開けていきます。あなたの人生を決めるエリアといっても過言ではありません！

毎日朝早くから仕事に出かけ、夜遅く帰ってくるとしても、この3か所だけはちょこっと掃除して、すっきりきれいにしておけば、よい運気を維持することができます。

忙しい人は、**モノをため込まず、身の回りはシンプルに、身軽でいることを心がけると、新たなよい出会いにもどんどんつながる**でしょう。仕事の発展も目覚ましいものとなるはずです。

ほかのエリアについては、換気をよくしておき、気の停滞を避けるようにします。しっかりおそうじするのは週末にまとめてでもかまいません。

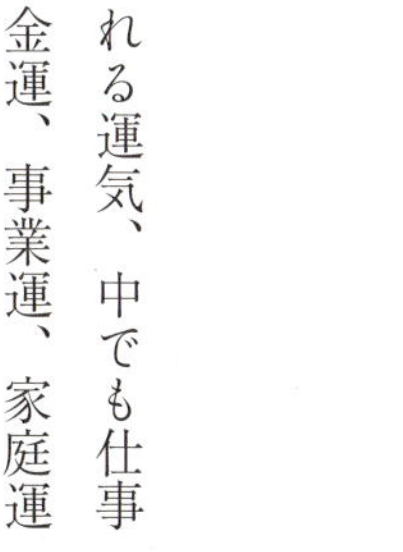

林 秀静
Shusei Rin

中国命理学研究家。10代の頃より東西の占術全般を学ぶ。1992年より台湾や中国の老師に教えを仰ぎ、風水学をはじめ、中国相法、八字、紫微斗数など幅広く修得し、98年に独立する。2008年に株式会社桂香を設立。13年より3年間台湾に留学、さらに風水と紫微斗数を大師より学ぶ。執筆、講演、鑑定、企業コンサルティングをはじめ、テレビ、雑誌、ネットなどでも幅広く活躍している。

玄関の開運掃除術

玄関は家の顔。気の入り口で、風水では最も大切な場所のひとつです。

玄関をキレイにすることは外から入ってくる運、つまり対外運の向上につながり、全体運を強化、底上げしてくれます。

玄関の内部は、外から入ってきた気がたまる空間でもあります。つまり、**お金や運気が入ってきて、いったんプールされるところ**なのです。入ってきたお金やよい運気は、たくさんためておきたいですよね。ですから、モノはできるだけ置きません。

玄関は開けるたびに外気が入ってきますから、たとえマンションなどの集合住宅の中であっても、意外に汚れます。

ですから、**そうじは、たたき（三和土）を中心に行います**。たたきは、ほうきでゴミを掃き集めたあと、水拭きしましょう。靴の泥や雨の日の靴跡などもなるべく放置しないで。玄関マットは汚れたらすぐに取り換えます。ちなみに、玄関マットは煩わしい小さなトラブルを避けてくれる頼もしい風水グッズです。天然木の白檀《びゃくだん》や沈香《じんこう》のお香を焚《た》くと邪気を払うことができます。

玄関に明るさは必須。暗くさみしい印象は避けたいものです。暗い印象になってしまうときは、ライトを明るく、温かみのあるものにしましょう。

玄関

全体運
とくに仕事運、
対人運、対外運
アップ

照明は昼光色や電球色など温かみのある明るいものを。陽が入らず暗い玄関は間接照明で補うのも◎。

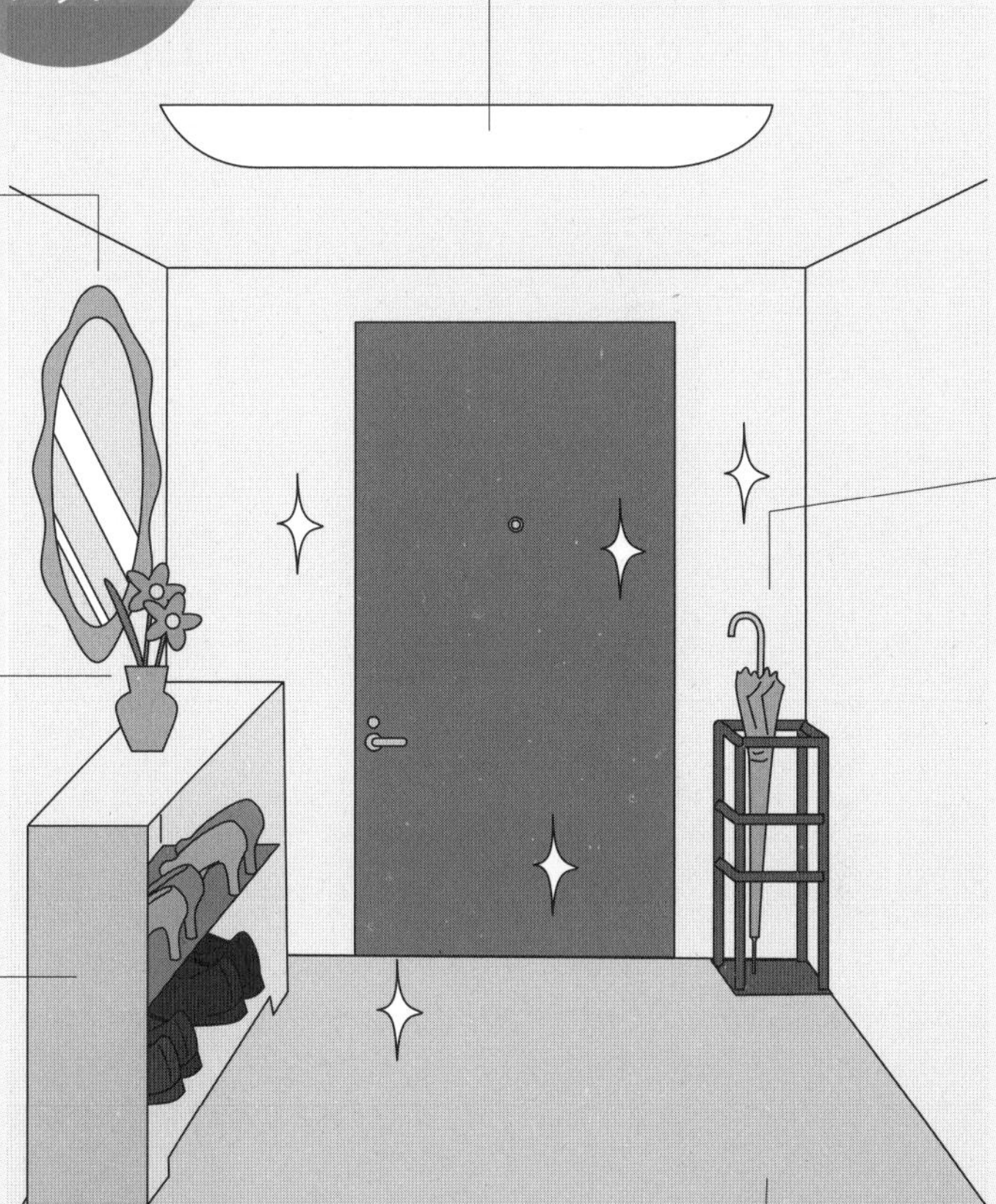

鏡は玄関を内側から見て左側の「青龍位」にかけます。財運アップ効果があります☆

飾り物は1~3個まで。

傘は、家族の人数分だけ置きます。

上段に女性物などの軽い靴、下段に紳士物や長靴などの重いものを。

玄関マットは外からのホコリやゴミの侵入を防ぎます。

たたきには靴以外は置きません。靴は一人一足まで。靴そのもののお手入れも忘れずに。

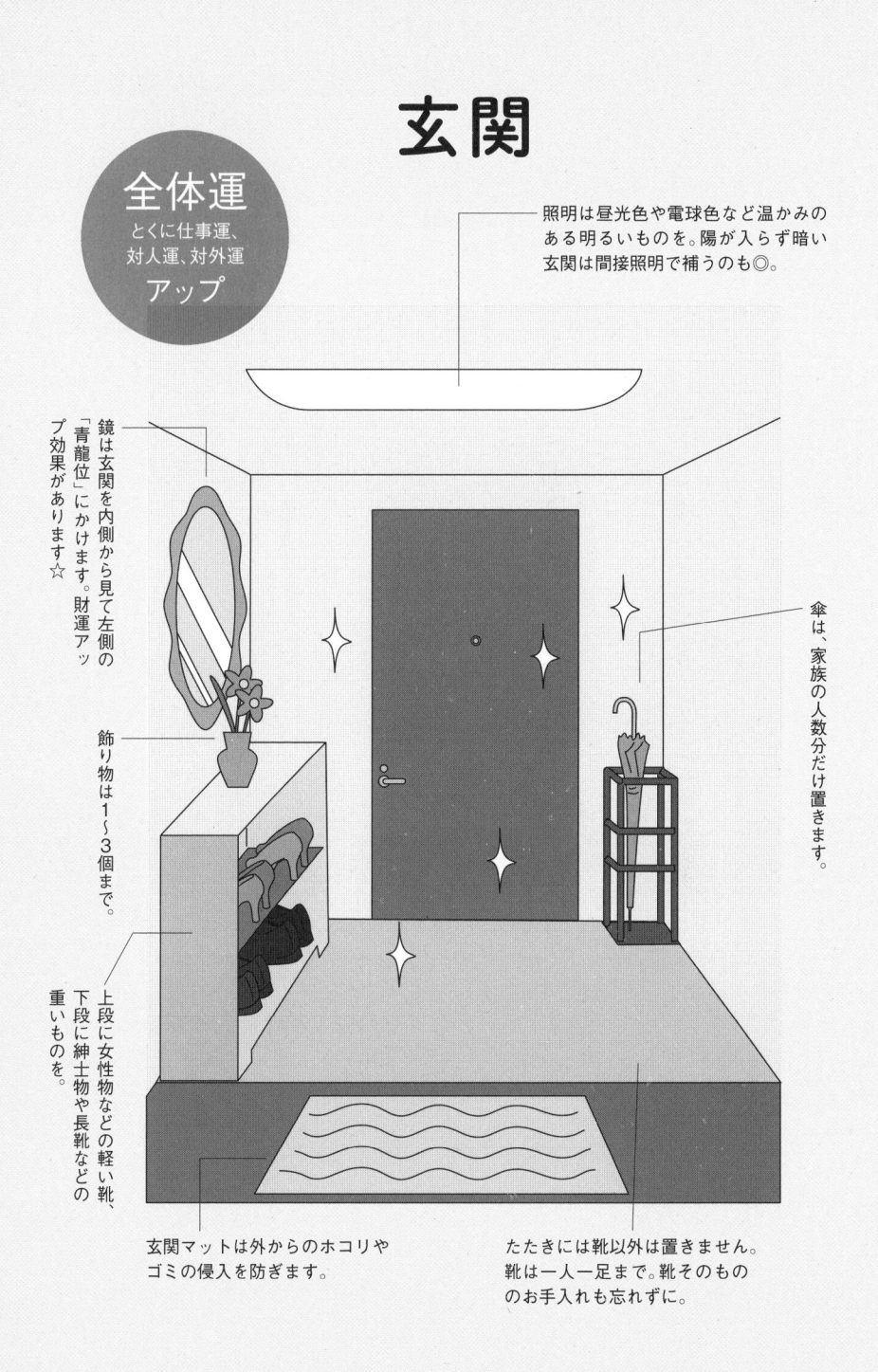

トイレの開運そうじ術

金運アップを願っているのなら、トイレそうじは欠かせません。風水的に見て、汚濁した空気や水は住空間が汚れるので好まれません。

現代のトイレ事情は水洗トイレがほとんどで、根本的な衛生問題はなくなりました。でも、毎日排泄《はいせつ》物を流すところですから、清潔を維持し、換気をして場を清浄にしましょう。

トイレは、特に便器をきれいにします。毎日トイレを使用したら、ブラシに洗剤をつけてこすっておくと汚れがたまりません。

また、壁や床に尿が飛び散っている場合があります。クリーナーを使って拭きそうじをしましょう。男性のいる家庭はおそうじ用除菌シートなどでこまめに行えばなおよいですね。

トイレマットやスリッパは悪臭の原因になりやすいもの。小まめに洗濯をし、取り替えましょう。また、おそうじ用のぞうきんはぼろ布を用意しておいて、使い捨てにするとよいでしょう。一度汚れた布は洗っても不衛生。それで拭きそうじをするのは、再び邪気を塗っているようなもの。二度使いしないほうが賢明です。

トイレに関しては一度徹底的にそうじをしてみて損はありません。

トイレそうじを半信半疑でやっていただけなのに、開運したという体験談を送ってくださる人は後を絶ちません。通常は1～3週間続けると、変化が起こるようです。

トイレ

金運
健康運
アップ

便器のフタは必ず下ろしておきます。トイレのドアを開けっぱなしで用を足す人がいると聞きますが、必ず閉めましょう。陰の気が家中に流れ出すのでNG。

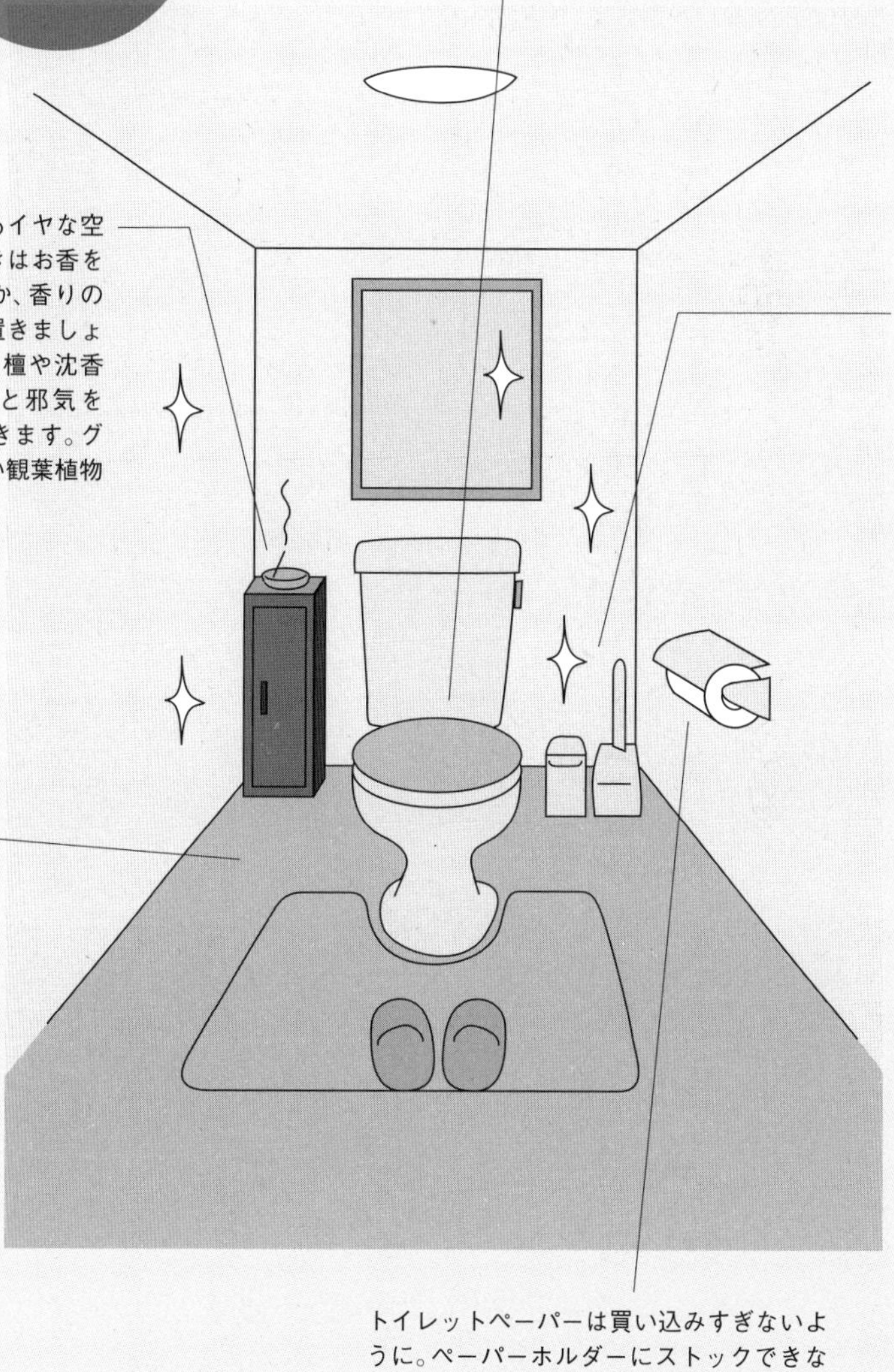

そうじをしてもイヤな空気を感じるときはお香を焚いて清めるか、香りのよいポプリを置きましょう。天然木の白檀や沈香のお香を焚くと邪気を払うことができます。グリーンが美しい観葉植物を置くのも◎。

トイレそうじグッズはひとまとめにしてコンパクトに置きましょう。収納する棚がない場合は目につきにくい場所に置きます。

トイレカバーやマット、スリッパは明るい、楽しい色調のものを選びます。トイレは陰の気がたまりやすいので、黒や紺、茶系は避けて明るく保ちます。

トイレットペーパーは買い込みすぎないように。ペーパーホルダーにストックできないものは、目隠しできる棚に収納します。

リビング

事業運
家庭運
アップ

エアコンのフィルターが汚れていると、汚い空気を部屋中に循環させることになります。呼吸器に悪影響を与え、人間関係に影響しますので、そうじを心がけさわやかな空気が流れるようにしましょう。

電話やＦＡＸなどの電気製品は、家の中心に置きません。

飾り物は厳選して最小限に。掃除もしやすくなります。

ＣＤやＤＶＤなどはきちんと棚に整理しておきます。

陽の入り具合によって、ブラインド、カーテンで陽の光を調節できるようにします。

テーブルの上には、その日の新聞くらいでモノはなるべく置かないように。リモコンはまとめて定位置をキープ。

圧迫感のある家具は角に配置。中央に置きません。安定感のある低い家具がおすすめです。

床にモノを置きません。

リビングの開運そうじ術

リビングはソファやテーブルといった大きな家具やテレビ、オーディオなどの家電も多く、どうすれば居心地よい空間にできるか、迷う人も多いと思います。

風水では、バランスのとれた見た目の美しさを重視します。具体的には、モノを出しっぱなしにせず、全体のテイストを温かみのある雰囲気に統一し、家具も高さのバランスを考えて配置、部屋全体に安定感を与えるようにします。

床やカーペットは頻繁にそうじ機をかけ、ホコリやゴミを除きましょう。フローリング床は専用のそうじシートを使うとほこりがとれてつやも出ます。

電化製品や棚、照明などはハンディモップ、クロスなどでから拭きを。こまめなそうじが難しい人は、アルコール入りの除菌ティッシュでサッと拭くようにするときれいを保てます。一か月に一度くらい窓ふきをしたり、季節ごとにエアコンのフィルターを掃除したりして、クリーンな空気を循環させるようにしましょう。

ブラインドやカーテンは部屋の雰囲気を大きく左右します。どんなに素敵なものでも汚れていてはNG。掃除や洗濯を忘れないようにしましょう。

クスドフトシさんの「引き寄せ」ではなく、「引き出し」

頑張りをやめ、余計なことをあれこれやらずに「無意識のチカラ」を引き出せば、今の自分にとってぴったりの願いが叶います！

イラストレーション＝別府麻衣

願いを叶えるチカラを自分の中から引き出す！

僕は20代の頃、引きこもり時代があり、なんとかせねばと「引き寄せの法則」にすがったことがあります。当時の僕は、この「法則」を活用すれば、「働かずとも億万長者になれる」「恋愛も人間関係も健康もすべてうまくいく」と甘い期待をふくらませていました。ところが、どんな本を読んでも、そして一時はうまくいったとしてもまた落ち込む日々が戻ってきてしまいます。

なぜ僕は「引き寄せの法則」に失敗してしまったのでしょうか？　それは僕が本に書かれているやり方だけに依存し、自分の内側には願いを叶えるチカラも悩みを解決するアイデアや行動力もない！　と思い込んでいたからです。世の中には、僕と同じように「引き寄せの

ここがすごい

頑張らなくてもできる

こんな人におすすめ

やってみたいメソッドがいっぱいある人
引き寄せがうまくいかなかった人

法則」がうまくいかず、葛藤している人がいるかもしれませんね。
あなたがうまくいかなかったのは、何かを外側から足さなければならないと思い込んでいたからです。願いを叶えるために必要なのは、あなたの外側にある「願いのすべてを引き寄せるチカラ」ではありません。**あなたの内側にある「願いを叶えるチカラ」を「引き出す」**ことなんです。

そこで、僕がこれから紹介するのは**「引き出しの法則」**です。この法則で自分の内側にあるチカラの引き出し方さえ身につければ、誰でも必要なものを、必要なときに、必要なだけ取り出すことができるようになります。

「私にそんなチカラなんてあるの？」と思うかもしれませんね。

はい、もちろんあります！　なぜなら、本当は誰にでも、どんな願いだって叶えちゃうぐらい素晴らしい「無意識のチカラ」が備わっているんですから！　幸か不幸かは自分の「無意識のチカラ」の引き出し方次第で変わります。

あなたはこれまで無意識にいろんな願いを叶えてきたはずです。なのに、願いが叶ったという実感が薄いのは、「自分が意識している願い」と「無意識が望んでいる願い」は時として違う場合があるからです。たとえば、「イケメンと結婚したい」という願望が「イケメンには出会えなかったが結婚した」というふうに変わったとしても、結果的に「結婚生活が幸せ」と思えたら、それは自分にぴったりの願いが叶ったということになります。

つまり、「意識」して「この願いじゃなきゃダメ」と頑張るよりも、「無意識のチカラ」に

クスドフトシ

1982年、大阪府生まれ。20代の頃、引きこもり、ニート、うつ状態になる。そんな自分から卒業するため無意識（潜在意識）や引き寄せの法則、精神世界などあらゆる思考法を試し、人生を好転させる独自のメソッドを開発し実践。2015年に出版した初の著書『無意識はいつも正しい』（ワニブックス）が5万部を突破するベストセラーとなる。

任せたほうが望んだ通りの人生に近づけたりするのです。

大切なことは「自分の中にはすでに、願いを叶えるアイデアや、まだ見ぬ可能性、行動力、一歩踏み出す勇気そのものが、備わっていた」と気づくことです。

「引き出しの法則」を実践するために

あなたが「無意識のチカラ」を引き出すためにやるべきことはたったひとつ。頑張りをやめること。頑張らないというのは、「仕事をしない」「家事をしない」「ダラダラ過ごす」ということではなく、「余計なことを考えすぎない」「答えの出ないことに悩まない」「過去のことを後悔したり将来を心配しすぎない」ということで、今この瞬間に集中し、リラックスしようということです。しかし、そう簡単に「頑張り」はやめられませんよね？ そこで「引き出しの法則」では、**頑張りをやめて無意識のチカラを引き出すために「口に出す」「動き出す」「見つけ出す」という3つのステップ**を提案しています。

まず、普段、口に出す言葉を変えることによって、心を柔軟にし、「行動を起こすためのエンジン」をかけます。次に、身体を使った動きによって、「願望を叶える型（集中&リラックス）」を身につけます。心身ともに「今」に集中して、リラックスした状態がつくれたら、自分の中にある「新しい可能性を見つけるメソッド」をやってみましょう。いつの間にか自然と「無意識のチカラ」が引き出されています。

引き出しの法則
クスドフトシ 著
ワニブックス／2016年5月発売／1,404円（税込）
すべての運は、わざわざ引き寄せる必要なし！ すでにあなたの中にあるミラクルな力を「引き出す」！

STEP 1

口に出す

人の心を生かすも殺すも言葉の使い方次第

言葉は、人の心を軽くしたり励ましたりすることもできれば、反対に、傷つけることもできます。それだけ言葉にはチカラがあるにもかかわらず、使い方に無頓着になりがちです。思い込みをつくるのも、自信を与えるのも、人の心を生かすも殺すも、すべて言葉から始まります。だからこそ、まずは「口に出す言葉」から「無意識のチカラ」にアプローチしていきましょう。

まず、絶対言ってはいけない言葉は「わ・か・ら・な・い」の5文字。このたった5文字が自分の可能性をとことんつぶします。「わからない」を「知らない」に変えるだけで、調べたり学んだりすれば成長できるという余地ができます。

愚痴や弱音を吐きそうになったときは、その言葉の語尾を意識して〝上げる〟ことで、ネガティブな言葉を無力化します。たとえば「疲れたなぁ↗」「最悪だなぁ↗」と言うと、無理にポジティブな言葉を言わなくても気がラクになってきます。

また、解決したい悩みや願望に対しては、語尾に「思い出す」をつけることで、「無意識」の領域に眠っている理想の自分になるための方法やアイデアを引き出すことができます。

思い出すメソッド
美しい自分を思い出す
SLIM
モテモテの自分を思い出す
モテモテ
ん？
ポテチ
ICE
コーラ
ムクムク
やるべきことが見えてくる!!
掃除しよう!
間食やめよう!
風呂入ろう!

『思い出すメソッド』のやり方

① 解決したい悩みや、叶えたい望みに対して語尾に「思い出す」をつける。
例：お金持ちである自分を思い出すなど。
② 「思い出す」ということは「無意識」の領域にその状態が「ある」ということなので、その言葉を言ったときに「ふと」ひらめいた方法を試したり、できることを実践に移す。
③ ①と②を7日間、続けてみる。

POINT 自己啓発本に書いてある「私はお金持ちです！」と言い切る方法に違和感がある人も「思い出す」なら使いやすい。

STEP 2
動き出す

心に希望があれば体は勝手に動き出す

　言葉のチカラでエンジンをかけたら、実際に行動しましょう。ウキウキした気持ち（希望）があれば、身体は自然に動き出します。もしも、ウキウキした気持ちになかなかなれないのなら、自分が一番「うれしい」と感じるようなことをイメージし、そのイメージが実際起こったときに出るポーズをやってみましょう。そのポーズをとったまま、今悩んでいることや後悔していることに対して「これでよかった」と口に出して言ってみます。「うれしい」「楽しい」というメッセージを身体で表現すると、過去のイヤな出来事も「あの経験があったから今がある」と今を楽しむためのいい体験として前向きに捉えることが、無意識にできるようになっていきます。

　気持ちが落ち込んで仕方がない人は、まず目線を動かすだけでも気持ちに変化が生まれます。心がカチコチの人やうつ状態の人は、目（視線）が動いていません。一点に視線が集まると、視野が狭くなり、ほかに可能性があっても見えていないことがあります。「アイ愛メソッド」で、眼球を動かしてみましょう。視線が上を向くだけでも、ネガティブな気分が上向きになることに気づくはず。

アイ愛メソッド
じーっ
気が付くとうつむいて、スマホばかり見ていた…
なんか落ち込む
「アイ愛メソッド」やってみようかな
「引き出しの法則」
左右
上下
1日7回眼球を動かしてみた
パアアア
そうか上を見ればいいんだ！
ネガティブ

『アイ愛メソッド』のやり方
① 顔は動かさず眼球だけ上下に向ける。この上下の動きでワンセット。
② 顔は動かさず眼球を左右に動かす。左右の動きでワンセット。
③ 1日に①②をそれぞれ7回行う。
POINT 坂本九さんの名曲「上を向いて歩こう」のように、「下を向く（ネガティブや落ち込む）こと」を選択せず、眼球を動かして上を向こう。

STEP 3

見つけ出す

目的を定めてたくさんの可能性を見つけ出す

「口に出して」「動きを出して」ようやくエンジンが暖まったら、いよいよ自分の新しい可能性を見つけるときがやってきました。ここで改めて、何のために自分は「無意識のチカラ」を引き出したいのか、「目的」を明確にしましょう。目的があればこそ、「無意識のチカラ」が働きます。無意識のチカラを実感するために、「アラームメソッド」で目的を持って無意識に働きかけ、無意識が応えてくれるかどうか試してみてください。このメソッドで身体の動きをコントロールしているのは無意識のチカラだと実感することができるでしょう。

　目的を持ち、無意識のチカラを信頼することができれば、目的を達成するための思考パターンをどんどん広げていくことができます。自分の可能性を見つけるときに大事なのは「思い込み」にとらわれないこと。「できることだけ」をイメージするのではなく、「そんなバカな!!」という突飛なことでも、発想してみることが重要です。できようができまいが、いいアイデアを思いつこうがつくまいが、可能性を考えている瞬間こそが素晴らしく、幸せに向かって歩き出しているということなのです。

アラームメソッド
明日は7時に起きる
目的は7時。目的に集中する
ストン
べつに7時に起こしてくれなくてもいいよ
おやすみなさ〜い
ZZZ…
就寝
朝
7時にバッチリ!
ありがとう!無意識!!

『アラームメソッド』のやり方

①眠る前に「明日は○時に起きる。目的は○時。目的に集中する」とつぶやく。

②次に「別に○時に起こしてくれなくてもいいよ」というメッセージ（＝弱いチカラ）をかけることで、「無意識」が弱いチカラを振り切り、より「目的＝朝、起きること」に集中するチカラを引き出してくれる。

③そのまま眠りにつく。

④予定時間に目覚めることができたらメソッド成功。「さすが無意識！ありがとう」と「無意識」にお礼を言おう。

POINT 「無意識のチカラ」を信じよう。

すごい引き寄せ！研究会による

すごい引き寄せ！座談会 ③

初心者にはどの方法がおすすめ？

C代　この本に載ってるものでは、どれから始めたらいいかな。私みたいな初心者は。

B美　ピンとくるものをやってみたらいいと思うけど、あえていうなら最初は水谷先生の手帳術かしら。

A子　マジで効きますよね、手帳。私、この日に「臨時収入が入る♡」と月3回くらい書いて、その通りになってる。

B美　そうそう。私は新月の願い事、感謝日記、いいこと日記も全部手帳に書き出してる。願望はあとで見直すとほとんど叶ってるよ。すごいぞ、手帳！

C代　これからの予定のところに願望を書き出すの？

A子　そうそう。1月5日臨時収入とか。行けるかわからなくても、8月10日からハワイとか。

　私はLICAさんのメソッドもおすすめなの。LICAさんのオーラは明らかに波動が異次元な感じ！　特に恋愛と金運のマスターで、幸せになってる人、めっちゃいますよ。

B美　おそうじ風水も！　そうじは確実に引き寄せる。

A子　わかる。玄関のたたきの水拭きとトイレそうじ。

B美　玄関のたたきの水拭きした翌日、20万円臨時収入あったよ。

C代　ひえ〜強力！

A子　そういえば、林《りん》先生が、ほんっとに運が悪いとき、何やってもダメだったら、断食すると運気が回復するって。

B美　わあ、それも役立つね。やっぱり心も身体もいったんリセットするのって大事なんだね。

C代　考えていることを書き出すとか、お風呂で憑《つ》きものとるとかもそうだと思うけど、自分の内側をきれいにして

から、願望なりを入れるって引き寄せのコツみたい。

A子　どうしても、入れるほうに力入りますよね。でも部屋の状態がその人の心の状態っていうし、掃除とか断捨離でいらないもの出して、環境をきれいにすると運も整うってわかるな。

B美　呼吸法の加藤先生も、息は「吐いて、吸う」。吐くのが先。出すもの出さないと、何も入ってこないって言ってるよね。加藤先生の呼吸法もミラクル！　私仕事がないときがあって、基本の呼吸のあとに、「仕事が欲しい」「仕事ができた！　最高！」って宣言したら、20分後に仕事依頼のメールがきたの。この呼吸で結婚した人もたくさんいるし、すごいメソッドだよ。

C代　身体から入るっていうのもおもしろいね。

B美　頭でいろいろ考えすぎちゃう人には、呼吸法やヨガは、特におすすめしたいわ。

A子　お財布はどう？　やってます？

B美　やってるやってる。初期設定もしたし、レシートとか入れっぱなしにしない。バッグも床に置かない！

C代　金運よくなった？

B美　うん。お金を大切にするって意味がわかった気がする。今まで貯金ができなかったんだけど、できるようになったの。感謝感謝。

A子　お金も出さないと入ってこないって引き寄せではいいますよね。

C代　出したらなくなっちゃうと思っちゃうな。

B美　金は天下の回りもの、その通りなのよ。お金を出すときに「払えて幸せ。ありがとう」とか、「お友達連れて帰ってきてね」とか秋山まりあさんのアファメーションを拝借してる。お金はぐるぐる私の周りを循環してるんだと思って、気持ちよく出して、気持ちよく迎える！　結果、増える！

A子　よし！　青木良文さんはお金持ちになりたいなら、「お金大好き」っていったほうがいいっておっしゃってたよね。「お金大好き！」。

C代　そっかー。引き寄せって、自分の本心とか、意識の持ち方が肝なんだね。私も今年はやってみる！

イラストレーション＝いいあい

秋山まりあさんの

読むだけで理想の自分になる！100％自分原因説イメージワーク

引き寄せに欠かせないイメージ力を開花させて、理想の現実を引き寄せましょう！

イラストレーション＝キモト エリ

こんな人におすすめ

イメージが苦手と思っている人
理詰めで考えてしまいがちな人

ここがすごい

「自分＝周りの人」と考えることで間違った思考の修正が簡単にできる
ワクワク感をキープできるようになる

イメージすることは、願望の種まき

引き寄せの法則では、一般的に願い事があったら、その願いが叶ったあとの自分をワクワクイメージしていると、それを現実として受け取るといわれています。

そうなると、イメージすることは、願望の種まきのようなもの。とても大切な要素だとわかりますね。でも中には「イメージングが苦手」と言う人がいます。

『目の前に新鮮なキャベツが1玉あります。あなたはそれを包丁でスパッと2つに切りました！　みずみずしいキャベツの断面が現れました！』

いきなりでしたが、どうでしょうか？　キャベツの断面がイメージできたでしょう？　できない人はいないのではないかなと思います。こんなふうにイメージの力は本来、誰にでも備わっているものです。「イメージが苦手」と思っている人は、「イメージをうまくやらなくちゃ！」と身構えてしまっているだけかもしれません。でも大丈夫ですよ。

ＣＰＭ、通称、１００％自分原因説という私が考案したメソッドでは、イメージを楽しく行いながら、あなたの願望をすーっと潜在意識に届けてしまうワークがたくさんあります。

潜在意識にイメージを届けるコツは、まっすぐに、無邪気にイメージすること。人様にあなたのイメージが見られることはありませんから、遠慮なく、思いっきりイメージの世界を楽しんでしまいましょう！　たとえば、「こんな体型になりたい」という憧れのモデルさんがいたら、その人を雑誌やテレビで見るたびに、「これは私！　ステキ♡」「私、出てるわ！かわいい」ぐらいに思ってしまってＯＫなんです。「私＝憧れのモデルさん」とイメージできればできるほど、現実にあなたは彼女のスタイルに近づいていきます。

引き寄せの法則では、自分の思考が現実をつくり出すと考えますから、１００％自分原因説では、**「自分＝周りの人」**と定義しています。家族、近所の人、道ですれ違った人、テレビの中の人……。あなたと関わる人や物事は、自分の送り出した思考の結果ということです。そう考えてみると、憧れのモデルさんも自分の思考の一部。自分がつくり出したものに、自分自身がなれないわけないですよね。

そもそも人は、まったく想像できないものを手に入れることはできません。何か望みがあるのだったら、それを具体的にちゃんとイメージしているか、適当なイメージを送り出していないか、イメージしたあとにに否定したりしていないか、確認するようにしてみましょう。

秋山まりあ
Maria Akiyama

米国法人Creative Power Japan Inc. 代表取締役CEO。真の自立を目指す女性のために、夢を見つける最初の一歩から夢を育てるまで、きめ細かい提案・コンサルティングを行っている。「思考は現実化する」ことをさまざまなワークを通して学べるCPM（クリエイティブパワーメソッド）を独自に確立。自分で問題が解決できる人になれるように1万人以上を導いている。

イメージワーク

お金を引き寄せる海のワーク

お金の心配から解放、豊かさが循環する、大金の受け取り許可

一呼吸置いて、心を静かにしてから始めましょう。

★

あなたは白い砂浜にいます。ここはあなただけのプライベートビーチです。

温かい砂の感触が心地よく、歩くと指の間にも入ってきます。

目の前にはエメラルドグリーンの海が広がっていて、上を見ると青い空がどこまでも広がっています。

息を吸い込むと、爽やかな海の香りがして、目を閉じるとカモメの声も聞こえます。波の音も聞こえます。真っ白な砂浜を歩いて、波打ち際まで行ってみましょう。砂の感触を確かめながら歩いていくと、心地よい温かさの海の水が足に当たります。

突然、足元の波がお札になりました。一万円札、千円札、五千円札など、海水の代わりにお札が沖のほうまで波打っています。水平線のかなたまで、ずっとお札になっています。少し不思議な光景でしたが、あなたは両手を広げて水

をすくうようにお札をすくってみました。

すくっても拾っても、いくらでも打ち寄せてくるお金の波にびっくりしながらも、たくさんのお金を拾ってみました。あっという間に、自分の周りもお札だらけになってしまいました。この海のお金はすべてあなたのものです。

あなたが必要なときには十分に、たっぷりとあなたの欲しいだけのお金が、いつもあなたの周りにあります。このお札の海に、あなたが今持っているお財布の口を開けたまま入れてみましょう。そうすると、お財布の中がお札の海と同じ状態になります。

あなたのお財布の中は、この海の水のように、いつまでもお札でいっぱいの状態を記憶しました。

お札はお財布の中でいつでもどんどんあふれて、空っぽになることがありません。試しにイメージの中のお札を10枚ほど出して買い物をしてみましょう。

お財布の中を見ると、また取り出したお札と同じだけ補充されています。

お財布の中にお金がないと感じるときは、いつでもあなただけのプライベートビーチに行って、お金の海を体験しましょう。あなたの生活には、十分なお金がいつも循環しています。あなたは今までそれを見ようとしないで生きてきました。これからは、欲しいときに、欲しいだけのお札がいつでも入ります。

あなたのプライベートビーチは、あなたが「喜んでお金を使いたい」と思わないと、お札になりません。また、そのお金は使ったらなくなってしまうと思うと、その通りに消えてしまいます。大切なことは、たっぷりと、お金はいつも十分に満ちていると思考を送り出し続けることです。

★まりあの一言アドバイス　どんな願い事も、素直に「そうなりたい」と認める。否定しません！

イメージワーク

2

ハッピーな恋愛ができるワーク

パートナーができる、パートナーと仲直りする、ラブラブが長続きする

「恋愛を成就させたい」「彼を振り向かせたい」「ステキな人と出会いたい……」
そういう願いは、しばらくわきに置いて、
「その恋愛が成就したあとの自分」を想像してみましょう。

★

恋愛が成就したあなたは、どんな表情をしていますか？

幸せな恋愛をしているあなた。
デートのとき、どんな服装、どんなヘアスタイル、メイクをしていますか？

幸せなあなたは、毎日、どんな気持ちで過ごしていますか？

1日の生活はどんなふうですか？　朝、昼、夜と考えてみましょう。

★まりあの一言アドバイス　イメージは、ワクワク、ドキドキ思いっきり楽しく！　思わずニヤけちゃったら潜在意識に届いている証拠です。

イメージワーク
3
理想のプロポーションになる粘土のワーク
ダイエット成功、自分の可能性に気づく、自分を好きになる

通常の三次元の世界のダイエットではなく、潜在意識を使ったダイエットにトライしてみましょう。

★

今、あなたは現実世界の肉体から幽体離脱して、高次の世界に入ったとイメージしてください。

幽体離脱したあなたの身体は、どのような背格好でしょうか。ナイスバディですか？　スレンダーボディでしょうか？　背は高いでしょうか？　低いでしょうか？

幽体離脱したはずなのに、現実のあなたと同じ背格好ではありませんか？

これではいくら食事制限しても、運動をしても、すぐに元に戻ってしまいます。

実は幽体離脱した肉体はイメージの中で好きなように変えられます。イメージの中で肉体を理想のプロポーションに変えてしまいましょう。

幽体離脱したあなたの肉体は粘土でできていると考えてみてください。その粘土を暖かい光で包み込みます。変えたいところに光を当てながら、ゆっくりと、伸ばしたり、引っ込めたりしていきましょう。

すらりとした足や腕、輝く肌、きゅっと締まったウエスト、すっきりとしたあごのライン……。あなたはどんどん美しくなっていきます。

理想のプロポーションになったら、作業をやめ、暖かい光の中から、身体を解放してあげましょう。これで理想のプロポーションのまま、あなたの身体は固定されました。

その理想の形を常に意識しましょうね。潜在意識が現実を修正して、理想の形に近づけてくれます。

★まりあの一言アドバイス　送り出すイメージが先。現実は後からついてきます。まずは、思いっきりなりたいイメージをしてみることから。

イメージワーク

4

仕事で成功するワーク

やりたいことができる、能率アップ、業績アップ

仕事で成功したいと思ったとき、「なんでもできる、私は素晴らしい！」と思うか、「なんの才能もない、私はダメ」と思うかどちらでもいいのですが、自分で決めることが大事です。なりたい未来を設定しましょう。

★

少し先の未来を想像するイメージワークです。

あなたは夢だった仕事を成功させて、周りの人から祝福されています。「おめでとう！」と言われ、はじけそうな笑顔で「ありがとう」と応えている自分を想像してみましょう。

1 どんな気分ですか？　書き出してみましょう。

2 1のあなたはどんな服装・ヘアスタイルで、どんな場所にいますか？

3 どんなことで成功しましたか？

成功後の自分をイメージするだけでも、現実は動き出します。「○○で成功した」というハッキリとしたイメージがあると現実化のスピードはアップします。できるだけ詳しく、強くイメージしてみましょう。

★まりあの一言アドバイス　イメージしたら、あとは手放して自分の好きなこと、笑顔でいられることをしていればＯＫ！

イメージワーク

5

人間関係が改善するワーク

嫌いな人、苦手な人がいなくなる、誰とでも仲良くなれる

職場や学校、家庭などなど、人間関係にストレスを抱えている人、多いかもしれません。これは即効性のあるクイックワークです。

★

職場での会議やミーティング、親戚の集まりなどのとき、イメージの中でその場にいる人を全部自分に変えてしまいます。

たくさんの自分と話し合っているイメージです。

よく知った自分ですから、何を言われても腹が立たないし、ヘンに構えることもありません。

自分たちはどんな会話をするでしょうか？　会話を楽しんでくださいね。

応用で、パートナーとケンカしてしまって、話し合いを持ちたいときも、イメージの中でパートナーを自分に変えてしまって、話を聞いてもらうとスムーズにいきます。

★まりあの一言アドバイス　「私の周りはステキな人ばかり」と決めましょう。ステキな出会いを引き寄せます。

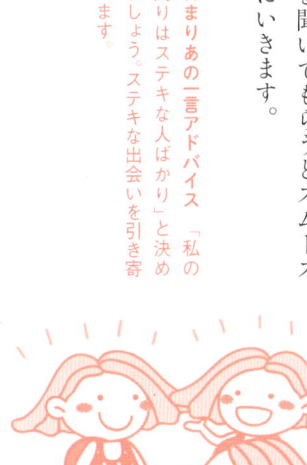

青木良文さんに聞く
占いや開運法とのお付き合いのコツ

星の数ほどあるといわれる占いや開運法。自分に合う方法や付き合い方を模索している人も多いのでは？『フィガロジャポン』をはじめ、数々の女性誌のファッションエディターであり、占いページの編集も多く手がけている青木良文さんに、そのコツをうかがいました。

イラストレーション＝大山奈歩

占いを味方に！

私は日頃、編集者としてファッション誌などで占いに携わっていますが、占いや開運法に興味がある人は、自分の人生をよりよくしたいからだと思うのです。そういう意味では、占いはとてもいいものだと思うのですが、占いに頼りすぎないでほしいなぁ、と。占いは現状や今の気持ちと向き合うことができるし、読んでいると自分のことを話してくれているような気分になれて、ストーリーのヒロインにしてくれることも。それで前向きになれて気分も上がり、楽しいものですが、何でも占いで決めたりするのは、ちょっと違うと思うのです。

占い師のところに行くのも、占いを読むのも、自分の責任。自分でそれを選択しているのだから、たとえ不都合なことが書かれていたり当たらなくても、占いのせいにしないことが大切。受けた言葉の中には、ヒントがあるはずなので、そこを上手に活用してほしいと思います。

占いで自分を知る

私の20代は波乱万丈。人生がうまく回らなくて、ほんとキツイ時期でした。

中でも23歳のとき、母が亡くなるという大きな別れに遭遇して、なかなか立ち直れずにいたのです。そのとき、ある占いと出合い、自分は「親と縁が薄い星」だと知って。それまでずっと親孝行を何もできず「ごめんなさい」という気持ちと葛藤し続けていたのですが、親との別れが自分の運勢の流れのひとつでもあったことだと思ったら、それまで抱えていたネガティブな感情が、「今までありがとう」と、ポジティブになれました。それから流れもよくなり、占いは気持ちを切り換えられる便利なツールだと実感しました。それからいろいろと占いの勉強もしました。

占いは現状の答え合わせ！

占いを受けるとき、一番大切なのは、そのタイミングだと思います。「転職したいけど、今の状況で合っているかな」とか、ある程度自分で決めたうえで、答え合わせのように使ってみるのがおすすめです。

もうひとつおすすめしたいのは、過去の占いを見て、自分を振り返ること。

占いというと、どうしても未来のことにフォーカスしがちだけれど、実は今起きていることは数年前のあの出来事が発端だったというようなこと、ありますよね。

今、何かのトラブルを抱えている場合も、過去の占いを見ることはとても有効です。

そのトラブルの火種は1年前の「あのこと」だったとわかるかもしれない。

現状を悩んで「どうして、どうして」「なんで、なんで」と答えも見つからずに、ただジタバタするのが一番よくないですよね。そんなときこそ占いという人生の地図を手がかりに、過去や未来からヒントをもらって前に進んでほしいですね。

青木良文
Yoshifumi Aoki

エディター。ファッション誌『フィガロジャポン』をはじめ多くの女性誌で、ファッションと占いページの編集を担当。取材を通じて学んだ開運法を自らも実践し、ウェブマガジン「mi-mollet（ミモレ）」の〝今日も大吉!!〟や、ファッション誌『VOCE』〝月刊ハッピーコスメ〟を連載中。ラジオやトークショーなど幅広いジャンルで活躍。『WWD』の雑誌アカデミーショーでは占いの分野で特殊技能賞を受賞。

するといいこと

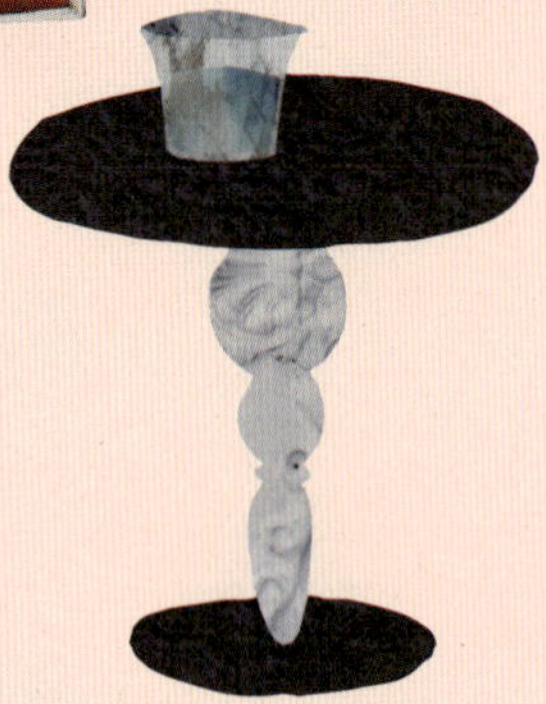

占いを味方にするマジックプラン8!

1 新月ノート

約28日に一度やってくる新月に、願いを書くことは、月一回の日記のようなもの。自分は2つ以上10個以内の願い事を書いています。新月ノートがいいと思う一番の理由は、書くことで叶えたいことが明快になり、さらにプライオリティもわかること。願いの数によっても、現状がよくわかります。

そして書いたあとに、必ず以前のページを振り返ります。私は震災のあと、しばらくは「日本が復興する」と書いていましたが、数か月後にはそのことを忘れていることに気づいたり……。大事なことを思い出させてくれるのもいいところです。

「書く」「話す」ということで考えを形にすることで、その思いが具体化し、叶いに近づくことができるのだと思います。

2 「思い」を大切にする

「思い」は向けられた人に入り込んでいくものだと思うんです。たとえば、デビューしたてのアイドルの女の子がどんどんきれいになっていくのは、たくさんの人からの、キミは「かわいい」という思いが入ってくるからなのかなと。

だから、何事もポジティブに考えることは、周りの人たちにも元気と前向きな思いを投げかけているということにもなり、幸せのエネルギーを放っているのだと思うのです。逆もしかり。ネガティブな思いを人に送っていると鏡のように自分にも返ってきてしまうので、気をつけています。

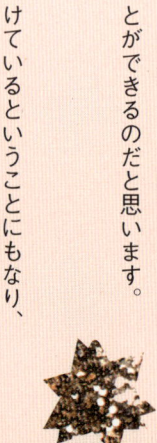

3 お気に入りに囲まれる

「自分を大事にする」ことも大切、と耳にしますよね。それを象徴することのひとつが、お気に入りに囲まれること。

「お気に入り」とは、「気が入る」と書きます。気が入っているものは、必ずその気を自分に返してくれるのだと思うのです。どうでもいいものに囲まれている人と、お気に入りに囲まれている人とでは、輝きも違いますよ！

それにハイブランドのアイテムは、デザインやクオリティの高さということもちろんありますが、そのブランドの持つ高い「気」を身につけることにもなりますから、やっぱり気分が上がりますよね。気分が上がるときに運気が上がると私は思っているので、どれだけ自分の気分が上がる方法を知っているかというのも、大切です。

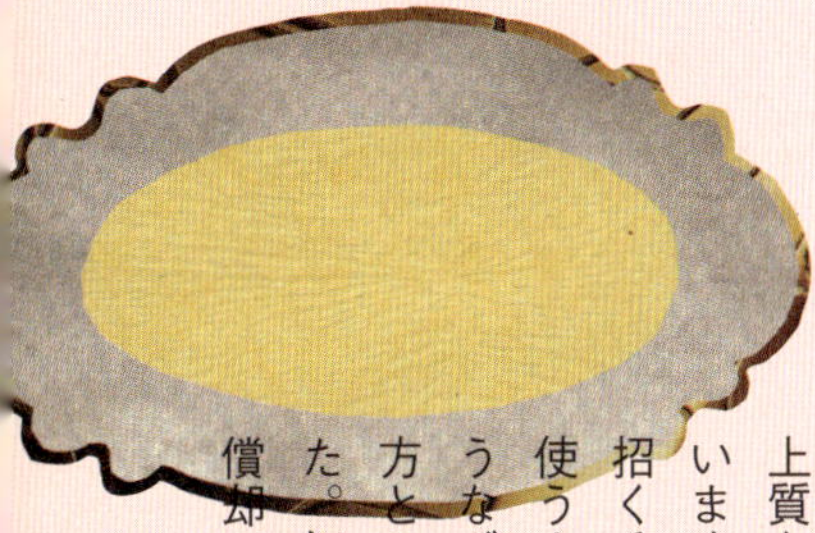

4 最高の器を使う

取材を通して開運法をうかがってから、朝1杯目の水を、上質なグラスで飲むようにしています。ガラス製の食器は縁を招くそうで、いいグラスを毎朝使うようになってから、そのようなグラスを使っているような方との質の高いご縁が増えました。毎日使うものなので、減価償却で考えたらリーズナブルですよね（笑）。「器は自分の器になる」。これも忘れられない言葉です。小さい器を使っていると、自分の器がいつまでも広がらないそう。確かに一流レストランでは、大きなお皿でお料理をサーブしてくれます。食べる器が自分のステイタスにも影響してくるというわけです。小さくても、大きくても洗う手間はほとんど変わりません。そこをケチるかケチらないかで、運の「豊かさ」が変わるそうです。

5 気のいい場所に出かける

結婚式場でファッション撮影をすることが多いのですが、働いていらっしゃる方々から、転職してからいいことが増えました、とよくうかがいます。そういえば結婚式場は、ネガティブな感情の人が少ない場所。「おめでとう」「うれしい」「楽しい」という思いが集まる場所だから、パワースポットだと思うのです。だから、自分はちょっと流れがよくないなと思うと、結婚式場や百貨店に行きます。

百貨店も、「何か買いたいな」「いい商品に出合った！」というように、ワクワクする気持ちがあふれているところ。そういう場所によい気をもらいに出かけます。そうやって自分の気持ちを高める習慣も大事だと思います。

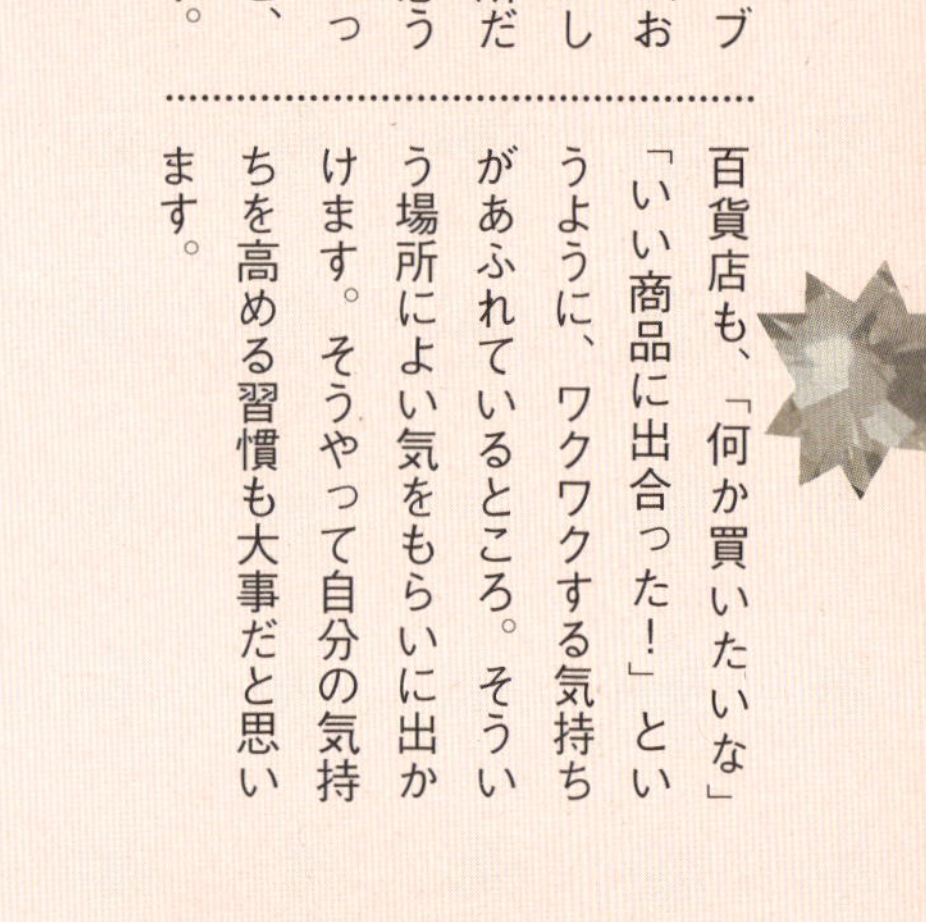

6 お財布を大事にする

お財布を使い始めてからの9日間の初期設定という開運術を教わって実践しています。簡単

7 「ピンチはチャンス」と考える

もちろん日々いろいろあります。大変なこともありますが、「ピンチはチャンス」「変化は進化」と考えるようにしています。

私はいろんなことを陰陽で捉えるようにしています。万物は、太陽と月、光と影、昼と夜といったように相反するものが対になっていますよね。占いというと、いいことばかりを求めがちだけれど、悪いことがないと対になるいいことも感じられないものです。だから、悪いことが起きたとしても、その後どれだけいいことがあるんだろう、と考えるようにしています。苦手な人も一緒。その人がいるからこそ、そのぶん好きな人との出会いに気づき、さらに自分が成長できると思えば、苦手な人ともうまくつき合っていけるものです。

にいうと、9日間いつもの3倍くらいのお金を入れておくと、新しい財布がその金額を記憶し、常にその金額が入っている財布になるという方法です。そういうことを実際やってみると、自分のお財布の中、つまり経済状況にフォーカスできるようになりました。

取材で知ったのですが、社長さんとか、実力者の方たちは、お財布を毎年新調している方が多いです。ステキなお財布を持てば気分が上がるし、お金のすみかであるお財布がきれいなことは、お金を大事にするということにもなります。

8 怖い占いは見ない

怖い占いはあまり見てほしくないですね。「この時期はケガに注意」とか……。ネガティブな言葉は陰の気を持ち、強力に人の気を引いてしまう。つまり「ケガ」に意識を向けるようになってしまうことがあると思うのです。意識を向ければそれを引き寄せやすくもなる。アンラッキーなことに引き寄せの法則が働いてしまいかねない、ともいえます。でも、何のために占いを見るのか考えれば、今より人生をよくしたいからですよね。そう思うなら、前向きなことに目を向けたほうがいいと、私は思っています。

ひとつ、実際にやってみてためになった陰の気の浄化法をお伝えしますね。外でもらったイヤな気分やネガティブな感情は、家についたら即座に忘れられるわけではなく、部屋の中まで持ってきてしまうもの。そのイヤな気は、家の床にたまっていくそう。陰の気は陰でしか拭えないそうなので、陰である水の力を借りて、床の水拭きをしてみてください。気持ちがすっきりするし、部屋の空気が一新します。そして、水拭きしたから、これで大丈夫！と思えば意識も変わり、流れもスムーズに。床の水拭きは家に対するリスペクトにもなり、一石二鳥です。

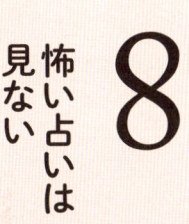

イハレアカラ・ヒューレンさん＆KRさんの

ホ・オポノポノでありのままの自分を生きる

ハワイの伝統的問題解決法「ホ・オポノポノ」が教えてくれる、潜在意識をクリーニングして素の自分に戻る幸せ。

イラストレーション＝ウィスット・ポンニミット（P156－157）
風間勇人（P160－163）

ホ・オポノポノって何？

ホ・オポノポノは、ネイティブ・ハワイアンの間に伝わっていた伝統的な問題解決法。

ハワイの伝統的な高度医療の専門家モーナ女史によって、現代社会で活用できるようにアレンジされ、「セルフアイデンティティ スルー ホ・オポノポノ（SITH）」として、その素晴らしい考えは世界で共有されています。国連、UNESCO、WHO（世界保健機関）やハワイ州立大学をはじめとした教育の場でも実践されているものです。

ホ・オポノポノは、今、目の前で起きている現実は、１００％すべて自分の記憶（潜在意識）が再生したもの」という考えがベースになっています。

ですから、**「クリーニング」というものをすることで、あなたに起こっている問題や悩み**

ここがすごい

44つの言葉を唱えるだけのシンプルさ

こんな人におすすめ

書き出すことが苦手な人
忙しい人

イハレアカラ・ヒューレン

発展的な精神医学の研究家であり、トレーナー。触法精神障害者および発達障害者とその家族とのワークでも知られる。国連、ユネスコをはじめ、世界平和協議会、ハワイ教育者協会など、さまざまな学会グループと

を解決できるという、たいへんシンプルで効果的な方法なのです。
クリーニングとは、あなたに起こるさまざまな問題や悩みを、クリーニングツールというものを使って浄化する方法です。

クリーニングツールは言葉やイメージ、植物、食べ物だったりしますが、最も代表的なクリーニングツールは、160ページでご紹介する4つの言葉です。「ありがとう、ごめんなさい、許してください、愛しています」という言葉を唱えるだけで、潜在意識が再生した記憶はたちまちクリーニングされていきます。

クリーニングを始めると、「なぜ4つの言葉で記憶がクリーニングされるの?」「なぜHA呼吸法をすると、場所まで浄化されるの?」というふうに、その意味を知りたくなる人もいるようですが、それを知ってもあまり意味がなかったりします。

あなたがその意味を知っても知らなくても、クリーニングをすればたちまち記憶は消去されるからです。

あなたが半信半疑でクリーニングをしていたとしても、あるとき、ふと心が軽くなったり、今まで問題視していたことがどうでもよくなったり、なかなか進展しなかった案件が急に動き出したりといったことが起こるはずです。

クリーニングツールの一番大きな役割は、あなたの表面意識と潜在意識がつながりを持ち、クリーニングという共同作業を始められる唯一の方法ということです。


ともに何年にもわたりホ・オポノポノを講演し、普及活動を行っている。

カマイリ・ラファエロヴィッチ／KR

SITHホ・オポノポノ代表。ボディワーカー。SITHホ・オポノポノの創始者、故モーナ女史の一番弟子。40年以上クリーニングを続けている。MBA（経営学修士号）やMAT（マッサージセラピストライセンス）の資格を取得。ハワイでは不動産業を営み、さらにホ・オポノポノを使った個人や経営者のコンサルティング、ボディーワーク、日本においてはホ・オポノポノの講演活動を全国で行っている。

ウニヒピリからのお知らせ

潜在意識のことを、ホ・オポノポノでは、ウニヒピリと呼んでいます。**ウニヒピリは、個人のあらゆる体験の記憶から、この宇宙全体のすべての記憶までが保管されているところ**を指します。

私たちは、一瞬一瞬さまざまな感情を抱きながら生きているものです。その感情を私たちに見せてくれているのは、実は、膨大な記憶を持つウニヒピリです。今あなたが問題に直面していたり、さみしい思いをしていたり、逆にいいことがあってハッピーだったり、うれしかったりするかもしれませんが、あなたが体験する感情のすべては、ウニヒピリの記憶の再生なのですね。

ウニヒピリが記憶の再生をするのかは、あなたに知らせたいことがあるからです。何か問題が起こると、あなたは不安になったり、ヒステリックになったり、悲しくなったりするでしょう。

でもそれは、本来のあなたの姿ではありません。ホ・オポノポノでは、たとえ問題が起こったとしても、うろたえたり、心配したりすることもなく、ありのままの現状を受け入れて静観できるのが、本来のあなただと考えます。本来、人は誰しも、期待も執着もなく、あらゆる価値観から自由で、真に心が平和な状態を保つことができます。そのような状態を、ホ・オポノポノではゼロと呼んでいます。

クリーニングを続けていくと、私たちの意識は、どんどんゼロの状態に近づいていきます。**ゼロは、どんな物質的な成功や富よりもあなたに本当の幸せをもたらしてくれます**。

それこそが、ホ・オポノポノが目指すところです。ウニヒピリは、あなたをゼロに導くために、記憶を再生し、クリーニングをしてもらいたいと訴えているのです。

クリーニングプロセス

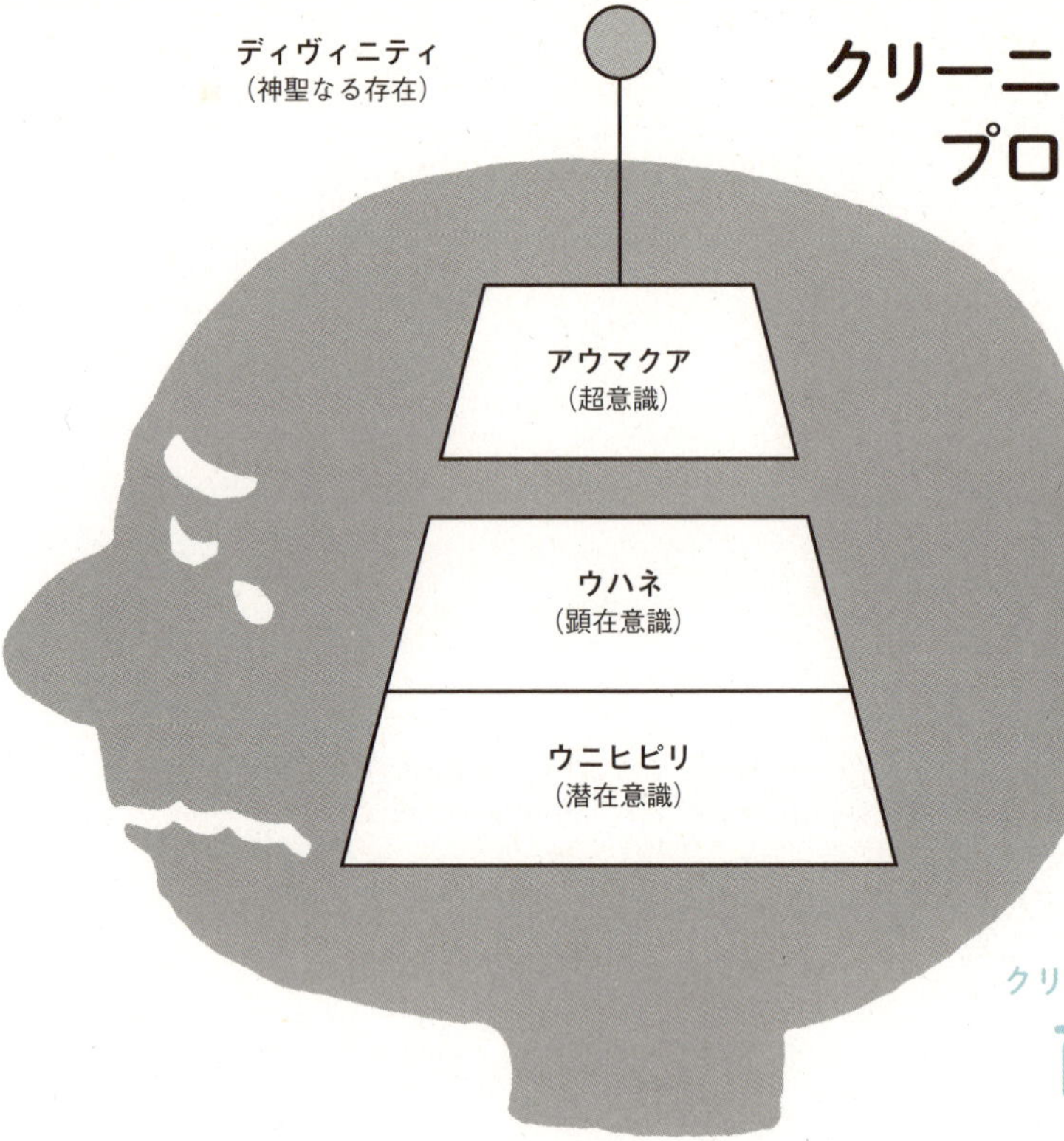

クリーニング
前

ホ・オポノポノでは、ふだん一人だと思っている自分は、実は３つの意識の集合体だと考えます。ウハネ（顕在意識）、アウマクア（超意識）、ウニヒピリ（潜在意識）です。

クリーニングをスタートできるのは、〝普段の私〟表面意識であるウハネです。

ウハネ（顕在意識）がクリーニングを始め、ウニヒピリ（潜在意識）にその意思が伝わると、ウハネとウニヒピリが共同で記憶をクリーニングします。

最終的にその記憶は、ウニヒピリから、アウマクア（超意識）へとバトンタッチされ、アウマクアがディヴィニティとつながることで、あなたにインスピレーションがもたらされ、その記憶は完全に浄化されます。そのディヴィニティのある場所こそが、ゼロなのです。

クリーニングをする前のあなた

ウニヒピリ（潜在意識）はさまざまな記憶を再生し続けることで、あなた（ウハネ、顕在意識）に存在を気づいてもらおうとしています。このとき、ウハネ（顕在意識）とウニヒピリ（潜在意識）は、アウマクア（超意識）とはつながっていませんから、ディヴィニ

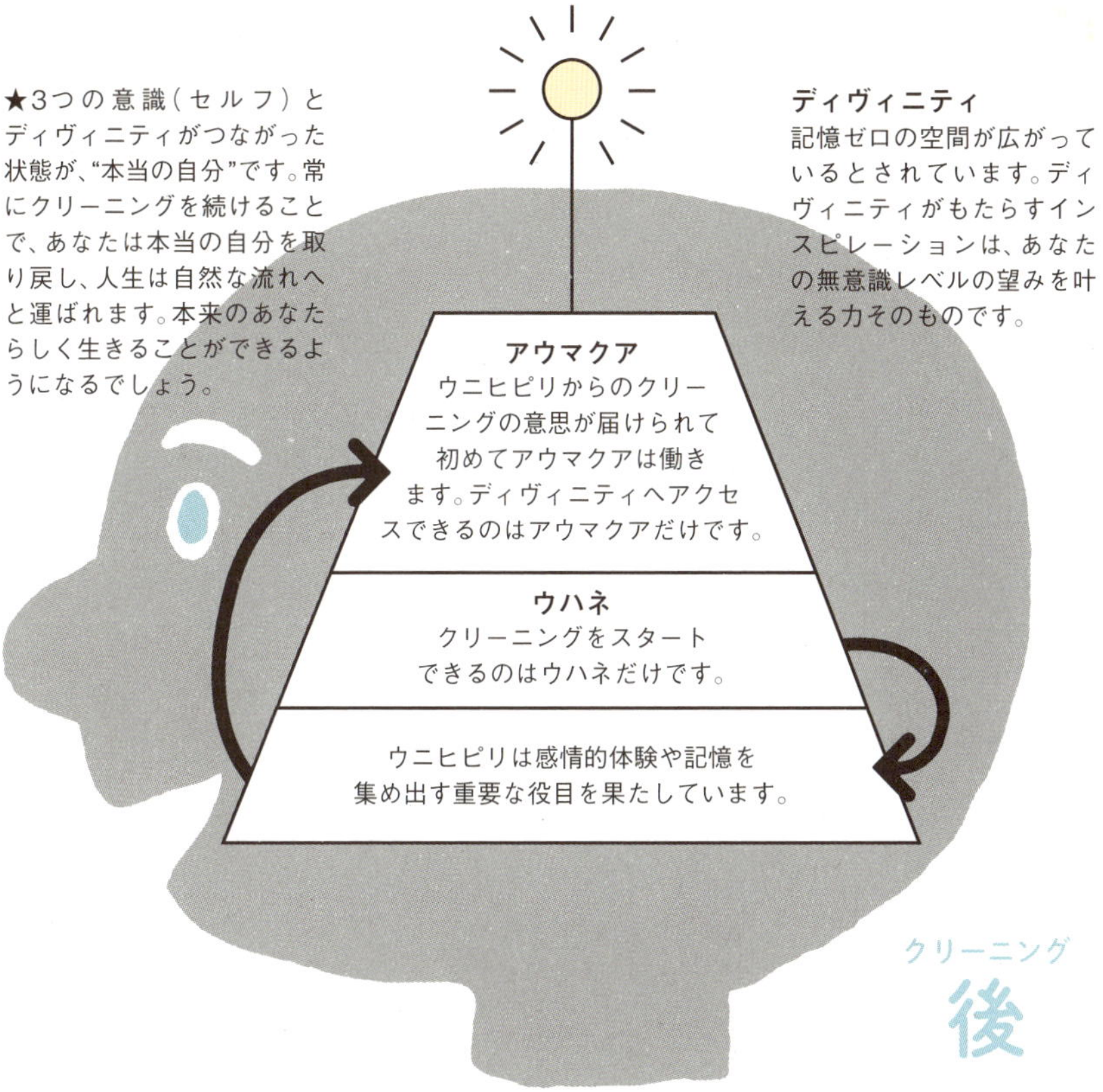
★3つの意識（セルフ）とディヴィニティがつながった状態が、"本当の自分"です。常にクリーニングを続けることで、あなたは本当の自分を取り戻し、人生は自然な流れへと運ばれます。本来のあなたらしく生きることができるようになるでしょう。
ディヴィニティ
記憶ゼロの空間が広がっているとされています。ディヴィニティがもたらすインスピレーションは、あなたの無意識レベルの望みを叶える力そのものです。
アウマクア
ウニヒピリからのクリーニングの意思が届けられて初めてアウマクアは働きます。ディヴィニティへアクセスできるのはアウマクアだけです。
ウハネ
クリーニングをスタートできるのはウハネだけです。
ウニヒピリは感情的体験や記憶を集め出す重要な役目を果たしています。
クリーニング
後

ティからインスピレーションがもたらされることはありません。

クリーニングを始めると……

1 ホ・オポノポノを知ったあなた（ウハネ、顕在意識）は、クリーニングを開始します。

2 ウニヒピリを尊重し、辛抱強く、コミュニケーションをとるようにしましょう。

3 やがてウニヒピリは、みずからクリーニングに参加するようになります。ウハネとウニヒピリは、共同で記憶の消去をします。ウニヒピリは感情的体験や記憶を集め出す重要な役目を果たしています。

4 ウニヒピリからクリーニングの意思がアウマクアに届くことで、3者がつながり、アウマクアがクリーニングを最終的な形まで導きます。

5 4の記憶は、アウマクアから最終的にディヴィニティに届いてゼロになり、あなたのもとにインスピレーションがもたらされます。

☆常にクリーニングを続けることで、人生は自然な流れを取り戻し、本来のあなたらしく生きることができるようになります。

実践！　４つの言葉でクリーニングしてみよう

クリーニングは、いつでもどこでも、どんなときでも絶えず行うのが理想です。なぜなら、次々に記憶は再生され続けていて、クリーニングに終わりはないからです。代表的なクリーニングツールである、４つの言葉で、基本的なクリーニングのやり方と浄化の流れを説明してみましょう。

〈クリーニングのやり方〉

①あなたはある問題を抱えて、モヤモヤした感情を持っているとします

②クリーニングツールの４つの言葉を、そのモヤモヤした感情に向けて唱えてみます

ありがとう
ごめんなさい

ゆるしてください
愛しています

③すると、あなたが問題だと思っていたことは、やがて靄《もや》が晴れるように解消されます！

クリーニングによる問題の解消のされ方は、その時々で違うでしょう。難しい問題だと頭を抱えていたのに、すーっと気持ちが軽くなるかもしれませんし、助け舟を出してくれる人が現れるかもしれません。その問題が起こったことで、結果的により望ましい状態になることもあるかもしれない。どんな形であれ、本来あるべき自然な方向へと進むようになります。

本来、クリーニングとは、何かの問題を解決したり、望む結果を得るためにするのではなく、ウニヒピリの記憶の再生をただただ浄化するという、ホ・オポノポノのプロセスの一貫にすぎません。人生は何が起こるのか、誰にもわかりません。余計な心配や期待をするのは、ウニヒピリ（潜在意識）の抱えるゴミを増やすようなもの。掃除がますます大変になります。それより、瞬間瞬間クリーニングをして、いつも心をクリーンに保ち、もたらされるインスピレーションに基づき行動する。それが、悩みや不安を消し去る近道です。

おすすめのクリーニングツール

アイスブルー

霊的、物理的、経済的、物質的な痛みの問題、痛ましい虐待に関する記憶をクリーニングしてくれます。

「アイスブルー」は氷河の色ですが、自分のイメージする「アイスブルー」の色で構いません。「アイスブルー」とつぶやきながら植物に触れたり、自分が抱える問題に対して言ってみましょう。

植物の中でも、イチョウの葉に触れながら、またはイチョウの葉を持ち歩いて「アイスブルー」を唱えるようにすると、肝臓での解毒が進み、恨みや怒りの気持ちも自動的にデトックスしてくれます。

HA呼吸法

HA呼吸法は、余計な執着や期待、悩みを手放すのに効果的です。自分の記憶だけでなく、その場所の記憶もクリーニングされます。

誰かとケンカをしたりすると、その場の空気がピリピリしたり、イヤな空気を感じたりしませんか？

怒りやイライラのエネルギーが、その場にあるものにも残ってしまうのです。自分の気持ちを落ち着けるためだけでなく、家や不特定多数の人が出入りするような場所、たとえば会社の会議室、旅先のホテルなどで行うのもおすすめです。


〈やり方〉

①背筋を伸ばし、足を床につけて椅子に座ります。

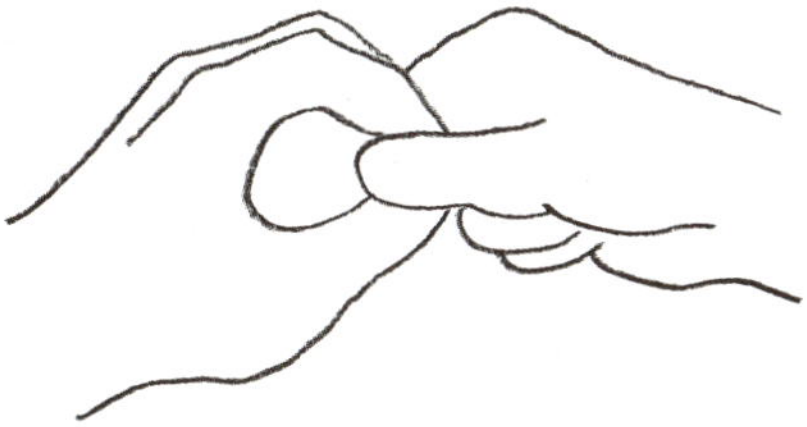

②両手の人差し指と中指をそろえて軽く曲げ、その先に親指を付けて輪を作ります。この両手で作った輪を交差させます。∞ループをイメージしています。

③「7秒間息を吸う→7秒間息を止める→7秒間息を吐く→7秒間息を止める」を1セットとして7回繰り返します。正確な7秒でなくても自分のペースで7秒カウントすればOKです。

本当の自分に戻り、ありのままを生きる
～KRさんの気付きの言葉～

KRさんは、SITHホ・オポノポノの創始者、モーナ女史の一番弟子。
40年以上クリーニングを続けているホ・オポノポノのエキスパート。
その言葉は、あなたに「本当の自分を知る」手掛かりを与えてくれるでしょう。

1
ホ・オポノポノとは、
「本当の自分」を生きること

2
ウニヒピリの声が聞こえないという前に、
日々起こる自分の体験の中で
100%クリーニングするという責任を取ってみませんか?
ウニヒピリの存在を考えることから、
それが自分自身だという実感に変わるでしょう

3
ウニヒピリは、
まるで小さな子供のような存在。
感覚でいろいろなものを見せてくれます。
そのときはクリーニングのチャンス!
後あとの人生を大きく開かせてくれる
きっかけだったりします

4

これはあなたと
あなたのウニヒピリとの旅。
つまり、あなたがあなたと向き合い、
出会う旅なのです

5

記憶は、困った問題だけと思われがち。
けれども、いいことも記憶です。
美しい記憶をクリーニングすることで、
その奥にある執着や恐れが消去され、
あなたはもっと自由に輝くことができます

6

クリーニングをして、
まず自分を整えましょう。
無理してお化粧したり、
慣れない靴を履いたりするよりも、
「本当のあなた」でいることが魅力的です

7

クリーニングをしている限り、
あなたはすでに、
あなたの人生を歩いています

8

平和は私からはじまる

はじめてのホ・オポノポノ
イハレアカラ・ヒューレン、
カマイリ・ラファエロヴィッチ 著
宝島社／2014年9月発売／1,404円(税込)
最も基本的なことだけを
やさしく解説する「ホ・オ
ポノポノ」の入門書。

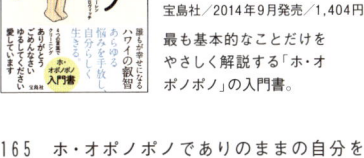

月星座早見表

by Keiko

私たちは今、2000年振りという
大きなエネルギーシフトの真っ只中にいます。
簡単にいうと2000年以上続いた太陽の時代から、移行期間を経て、
いよいよ月の時代が本格化してきているのです。
月の時代というのは、本当の自分の力が試されるときともいえ、
これから月の威力はますます強く、大きくなっていくとき。
月が私たちに与える影響力も当然、今までの比ではなくなってくるでしょう。
ぜひ自分の月星座を知って、月との信頼関係を築いていきましょう。

月星座早見表の見方

p44〜49の月星座を調べるにはこの早見表を使ってください。

㊀1966年1月2日3時〜1月4日9時の間に生まれた人は、牡牛座になります。

生まれた時間が不明な人は12時（正午）生まれとして星座を決定してください。

該当しない人は、サイト http://www.moonwithyou.com でお調べください。

1966			
牡羊座		1/27・00	2/23・00
牡牛座	1/2・03	1/29・11	2/25・17
双子座	1/4・09	1/31・19	2/28・02
蟹　座	1/6・12	2/2・23	3/2・08
獅子座	1/8・12	2/4・23	3/4・10

1/2・03
月　日　時刻

1966

牡羊座		1/27・00	2/23・06	3/22・12	4/18・18	5/16・02	6/12・10	7/9・18	8/6・01	9/2・07	9/29・14	10/26・20	11/23・04	12/20・12	
牡牛座	1/2・03	1/29・11	2/25・17	3/24・23	4/21・05	5/18・13	6/14・22	7/12・06	8/8・14	9/4・20	10/2・02	10//29・08	11/25・16	12/23・00	
双子座	1/4・09	1/31・19	2/28・02	3/27・08	4/23・13	5/20・21	6/17・05	7/14・15	8/11・00	9/7・07	10/4・13	10/31・18	11/28・02	12/25・10	
蟹　座	1/6・12	2/2・23	3/2・08	3/29・14	4/25・20	5/23・02	6/19・10	7/16・20	8/13・06	9/9・14	10/6・21	11/3・03	11/30・09	12/27・17	
獅子座	1/8・12	2/4・23	3/4・10	3/31・18	4/28・00	5/25・06	6/21・12	7/18・21	8/15・08	9/11・18	10/9・02	11/5・09	12/2・14	12/29・21	
乙女座	1/10・12	2/6・22	3/6・10	4/2・20	4/30・03	5/27・08	6/23・14	7/20・22	8/17・08	9/13・18	10/11・04	11/7・12	12/4・18		
天秤座	1/12・13	2/8・22	3/8・09	4/4・20	5/2・05	5/29・11	6/25・16	7/22・23	8/19・07	9/15・18	10/13・05	11/9・14	12/6・21		
蠍　座	1/14・17	2/11・00	3/10・10	4/6・21	5/4・06	5/31・14	6/27・20	7/25・02	8/21・08	9/17・18	10/15・04	11/11・15	12/8・23		
射手座	1/17・01	2/13・07	3/12・14	4/9・00	5/6・10	6/2・19	6/30・02	7/27・07	8/23・13	9/19・20	10/17・06	11/13・17	12/11・02		
山羊座	1/19・11	2/15・16	3/14・23	4/11・07	5/8・16	6/5・01	7/2・09	7/29・15	8/25・21	9/22・03	10/19・11	11/15・21	12/13・07		
水瓶座	1/21・22	2/18・04	3/17・11	4/13・18	5/11・02	6/7・10	7/4・18	8/1・01	8/28・07	9/24・13	10/21・20	11/18・04	12/15・13		
魚　座	1/24・11	2/20・17	3/19・23	4/16・06	5/13・14	6/9・22	7/7・06	8/3・13	8/30・19	9/27・01	10/24・07	11/20・15	12/17・23		

1967

牡羊座		1/16・20	2/13・03	3/12・10	4/8・16	5/5・22	6/2・05	6/29・13	7/26・21	8/23・05	9/19・12	10/16・18	11/13・00	12/10・07	
牡牛座		1/19・09	2/15・16	3/14・23	4/11・05	5/8・11	6/4・18	7/2・02	7/29・10	8/25・17	9/22・00	10/19・07	11/15・13	12/12・20	
双子座		1/21・20	2/18・04	3/17・11	4/13・17	5/10・23	6/7・06	7/4・14	7/31・22	8/28・06	9/24・13	10/21・20	11/18・02	12/15・08	
蟹　座		1/24・03	2/20・13	3/19・21	4/16・04	5/13・09	6/9・15	7/6・23	8/2・08	8/30・17	9/27・01	10/24・07	11/20・13	12/17・19	
獅子座		1/26・06	2/22・17	3/22・03	4/18・11	5/15・17	6/11・22	7/9・05	8/5・13	9/1・23	9/29・09	10/26・17	11/22・23	12/20・04	
乙女座	1/1・00	1/28・08	2/24・18	3/24・05	4/20・15	5/17・22	6/14・13	7/11・09	8/7・17	9/4・02	10/1・13	10/28・22	11/25・06	12/22・11	
天秤座	1/3・02	1/30・09	2/26・18	3/26・05	4/22・16	5/20・01	6/16・07	7/13・12	8/9・19	9/6・03	10/3・14	10/31・01	11/27・10	12/24・16	
蠍　座	1/5・05	2/1・11	2/28・18	3/28・04	4/24・15	5/22・02	6/18・09	7/15・15	8/11・21	9/8・04	10/5・13	11/2・00	11/29・11	12/26・20	
射手座	1/7・09	2/3・15	3/2・21	3/30・05	4/26・15	5/24・02	6/20・11	7/17・18	8/14・00	9/10・06	10/7・14	11/4・00	12/1・11	12/28・21	
山羊座	1/9・15	2/5・21	3/5・03	4/1・09	4/28・18	5/26・04	6/22・14	7/19・22	8/16・04	9/12・10	10/9・16	11/6・01	12/3・11	12/30・22	
水瓶座	1/11・22	2/8・05	3/7・11	4/3・17	5/1・00	5/28・09	6/24・18	7/22・03	8/18・10	9/14・16	10/11・22	11/8・05	12/5・14		
魚　座	1/14・09	2/10・15	3/9・22	4/6・03	5/3・10	5/30・17	6/27・02	7/24・10	8/20・18	9/17・01	10/14・07	11/10・13	12/7・20		

1968

牡羊座		1/6・15	2/3・00	3/1・08	3/28・16	4/24・22	5/22・03	6/18・10	7/15・18	8/12・03	9/8・12	10/5・20	11/2・02	11/29・07	12/26・14
牡牛座		1/9・03	2/5・11	3/3・19	3/31・03	4/27・09	5/24・15	6/20・21	7/18・05	8/14・13	9/10・21	10/8・05	11/4・12	12/1・18	12/29・00
双子座		1/11・16	2/8・00	3/6・08	4/2・16	4/29・22	5/27・04	6/23・10	7/20・17	8/17・01	9/13・09	10/10・17	11/7・00	12/4・06	12/31・12
蟹　座		1/14・03	2/10・12	3/8・20	4/5・04	5/2・11	5/29・17	6/25・23	7/23・06	8/19・13	9/15・21	10/13・05	11/9・12	12/6・19	
獅子座		1/16・11	2/12・20	3/11・05	4/7・14	5/4・22	6/1・04	6/28・10	7/25・16	8/22・00	9/18・08	10/15・17	11/12・01	12/9・07	
乙女座		1/18・17	2/15・01	3/13・11	4/9・21	5/7・06	6/3・13	6/30・18	7/28・00	8/24・07	9/20・16	10/18・02	11/14・11	12/11・16	
天秤座		1/20・22	2/17・04	3/15・13	4/12・00	5/9・10	6/5・19	7/3・01	7/30・07	8/26・13	9/22・21	10/20・07	11/16・17	12/14・02	
蠍　座		1/23・01	2/19・07	3/17・15	4/14・01	5/11・12	6/7・22	7/5・05	8/1・11	8/28・17	9/25・00	10/22・09	11/18・20	12/16・07	
射手座		1/25・04	2/21・10	3/19・16	4/16・00	5/13・11	6/9・22	7/7・07	8/3・14	8/30・20	9/27・02	10/24・10	11/20・20	12/18・07	
山羊座		1/27・07	2/23・13	3/21・19	4/18・01	5/15・11	6/11・21	7/9・07	8/5・16	9/1・22	9/29・04	10/26・10	11/22・19	12/20・07	
水瓶座	1/2・00	1/29・10	2/25・18	3/23・23	4/20・05	5/17・12	6/13・22	7/11・08	8/7・18	9/4・01	10/1・07	10/28・13	11/24・20	12/22・06	
魚　座	1/4・06	1/31・15	2/28・00	3/26・06	4/22・12	5/19・18	6/16・02	7/13・11	8/9・21	9/6・05	10/3・12	10/30・18	11/27・00	12/24・08	

1969

牡羊座		1/22・23	2/19・09	3/18・18	4/15・02	5/12・08	6/8・14	7/5・20	8/2・05	8/29・15	9/26・01	10/23・09	11/19・16	12/16・21	
牡牛座		1/25・07	2/21・16	3/21・01	4/17・10	5/14・16	6/10・22	7/8・04	8/4・11	8/31・20	9/28・05	10/25・15	11/21・22	12/19・04	
双子座		1/27・19	2/24・03	3/23・11	4/19・19	5/17・03	6/13・09	7/10・15	8/6・21	9/3・04	9/30・13	10/27・22	11/24・06	12/21・12	
蟹　座	1/3・01	1/30・08	2/26・15	3/25・23	4/22・07	5/19・15	6/15・21	7/13・03	8/9・09	9/5・16	10/3・00	10/30・08	11/26・16	12/23・23	
獅子座	1/5・13	2/1・19	3/1・03	3/28・12	4/24・20	5/22・03	6/18・10	7/15・16	8/11・22	9/8・05	10/5・12	11/1・21	11/29・04	12/26・11	
乙女座	1/8・00	2/4・06	3/3・13	3/30・22	4/27・07	5/24・15	6/20・22	7/18・04	8/14・10	9/10・16	10/8・00	11/4・09	12/1・17	12/29・00	
天秤座	1/10・09	2/6・14	3/5・21	4/2・05	4/29・15	5/27・00	6/23・08	7/20・14	8/16・20	9/13・02	10/10・10	11/6・19	12/4・04	12/31・12	
蠍　座	1/12・15	2/8・20	3/8・02	4/4・09	5/1・19	5/29・05	6/25・15	7/22・22	8/19・04	9/15・09	10/12・16	11/9・01	12/6・12		
射手座	1/14.17	2/11.00	3/10・06	4/6・12	5/3・20	5/31.07	6/27.17	7/25.02	8/21.09	9/17.15	10/14.21	11/11・05	12/8・15		
山羊座	1/16.18	2/13.02	3/12・09	4/8・14	5/5.21	6/2.06	6/29.17	7/27.03	8/23.12	9/19.18	10/17.00	11/13.06	12/10・15		
水瓶座	1/18.17	2/15.04	3/14.11	4/10・17	5/7・22	6/4・06	7/1・16	7/29・03	8/25.13	9/21.21	10/19.02	11/15.08	12/12・15		
魚　座	1/20・18	2/17・05	3/16・14	4/12・21	5/10・02	6/6・08	7/3・16	7/31・03	8/27・13	9/23・22	10/21・05	11/17・11	12/14・17		

1970

牡羊座		1/13・04	2/9・13	3/9・00	4/5・11	5/2・19	5/30・00	6/26・06	7/23・13	8/19・22	9/16・09	10/13・19	11/10・04	12/7・10	
牡牛座		1/15・09	2/11・17	3/11・03	4/7・13	5/4・22	6/1・05	6/28・11	7/25・16	8/22・00	9/18・09	10/15・20	11/12・06	12/9・13	
双子座		1/17・18	2/14・01	3/13・09	4/9・18	5/7・03	6/3・11	6/30・17	7/27・23	8/24・05	9/20・13	10/17・23	11/14・09	12/11・18	
蟹　座		1/20・05	2/16・11	3/15・18	4/12・03	5/9・11	6/5・19	7/3・02	7/30・08	8/26・14	9/22・21	10/20・05	11/16・14	12/14・00	
獅子座		1/22・18	2/19・00	3/18・07	4/14・14	5/11・22	6/8・06	7/5・13	8/1・20	8/29・02	9/25・08	10/22・15	11/19・00	12/16・08	
乙女座		1/25・07	2/21・13	3/20・20	4/17・03	5/14・11	6/10・19	7/8・02	8/4・09	8/31・15	9/27・21	10/25・04	11/21・12	12/18・20	
天秤座		1/27・19	2/24・01	3/23・07	4/19・15	5/16・23	6/13・07	7/10・15	8/6・22	9/3・03	9/30・10	10/27・17	11/24・01	12/21・09	
蠍　座	1/2・21	1/30・05	2/26・10	3/25・16	4/21・23	5/19・08	6/15・17	7/13・02	8/9・09	9/5・15	10/2・21	10/30・03	11/26・11	12/23・20	
射手座	1/5・02	2/1・11	2/28・18	3/27・23	4/24・05	5/21・13	6/17・23	7/15・08	8/11・17	9/8・00	10/5・06	11/1・11	11/28・19	12/26・04	
山羊座	1/7・03	2/3・13	3/2・22	3/30・04	4/26・09	5/23・16	6/20・01	7/17・11	8/13・21	9/10・06	10/7・12	11/3・18	12/1・00	12/28・09	
水瓶座	1/9・02	2/5・13	3/5・00	4/1・07	4/28・13	5/25・18	6/22・02	7/19・12	8/15・23	9/12・09	10/9・16	11/5・22	12/3・04	12/30・11	
魚　座	1/11・02	2/7・13	3/7・00	4/3・09	4/30・16	5/27・21	6/24・03	7/21・12	8/17・22	9/14・09	10/11・19	11/8・02	12/5・07		

1971

牡羊座		1/3・15	1/30・23	2/27・09	3/26・20	4/23・06	5/20・14	6/16・20	7/14・02	8/10・08	9/6・18	10/4・05	10/31・15	11/28・00	12/25・06
牡牛座		1/5・19	2/2・01	3/1・09	3/28・19	4/25・06	5/22・16	6/18・23	7/16・04	8/12・10	9/8・18	10/6・04	11/2・15	11/30・01	12/27・09
双子座		1/8・00	2/4・06	3/3・12	3/30・21	4/27・07	5/24・17	6/21・01	7/18・08	8/14・13	9/10・19	10/8・04	11/4・14	12/2・01	12/29・11
蟹　座		1/10・07	2/6・13	3/5・19	4/2・02	4/29・11	5/26・20	6/23・06	7/20・13	8/16・19	9/13・00	10/10・07	11/6・16	12/4・03	12/31・13
獅子座		1/12・16	2/8・23	3/8・05	4/4・11	5/1・19	5/29・03	6/25・12	7/22・20	8/19・03	9/15・09	10/12・15	11/8・22	12/6・07	
乙女座		1/15・04	2/11・11	3/10・17	4/6・23	5/4・06	5/31・14	6/27・22	7/25・06	8/21・13	9/17・19	10/15・01	11/11・08	12/8・16	
天秤座		1/17・17	2/14・00	3/13・06	4/9・12	5/6・19	6/3・02	6/30・10	7/27・18	8/24・01	9/20・08	10/17・14	11/13・20	12/11・03	
蠍　座		1/20・05	2/16・12	3/15・19	4/12・00	5/9・07	6/5・15	7/2・23	7/30・07	8/26・14	9/22・21	10/20・03	11/16・09	12/13・16	
射手座		1/22・14	2/18・23	3/18・05	4/14・11	5/11・17	6/8・00	7/5・09	8/1・18	8/29・02	9/25・09	10/22・15	11/18・21	12/16・04	
山羊座		1/24・20	2/21・06	3/20・14	4/16・20	5/14・01	6/10・08	7/7・14	8/4・02	8/31・11	9/27・19	10/25・01	11/21・07	12/18・13	
水瓶座		1/26・22	2/23・09	3/22・18	4/19・02	5/16・07	6/12・13	7/9・20	8/6・06	9/2・16	9/30・02	10/27・09	11/23・15	12/20・21	
魚　座	1/1・13	1/28・22	2/25・09	3/24・20	4/21・05	5/18・12	6/14・17	7/11・23	8/8・08	9/4・18	10/2・05	10/29・14	11/25・21	12/23・02	

1972

牡羊座		1/21·12	2/17·19	3/16·05	4/12·16	5/10·02	6/6·09	7/3·15	7/30·21	8/27·04	9/23·13	10/20·23	11/17·10	12/14·18
牡牛座		1/23·14	2/19·20	3/18·04	4/14·15	5/12·02	6/8·11	7/5·18	8/2·00	8/29·06	9/25·13	10/23·00	11/19·11	12/16·21
双子座		1/25·17	2/21·23	3/20·05	4/16·14	5/14·01	6/10·11	7/7·20	8/4·03	8/31·08	9/27·14	10/24·23	11/21·10	12/18·21
蟹 座		1/27·21	2/24·03	3/22·08	4/18·16	5/16·01	6/12·12	7/9·22	8/6·05	9/2·11	9/29·17	10/27·00	11/23·10	12/20·21
獅子座	1/2·17	1/30·02	2/26·09	3/24·15	4/20·21	5/18·05	6/14·14	7/12·00	8/8·09	9/4·16	10/1·21	10/29·03	11/25·11	12/22·22
乙女座	1/5·01	2/1·10	2/28·18	3/27·00	4/23·05	5/20·12	6/16·20	7/14·05	8/10·14	9/6·22	10/4·05	10/31·10	11/27·16	12/25·01
天秤座	1/7·12	2/3·20	3/2·04	3/29·11	4/25·17	5/22·23	6/19·06	7/16·14	8/12·22	9/9·07	10/6·13	11/2·19	11/30·01	12/27·08
蠍 座	1/10·00	2/6·08	3/4·16	3/31·23	4/28·05	5/25·11	6/21·18	7/19·01	8/15·09	9/11·17	10/9·00	11/5·07	12/2·13	12/29·19
射手座	1/12·12	2/8·21	3/7·05	4/3·11	4/30·18	5/28·00	6/24·06	7/21·14	8/17·22	9/14·06	10/11·13	11/7·19	12/5·01	
山羊座	1/14·21	2/11·07	3/9·16	4/5·23	5/3·05	5/30·11	6/26·18	7/24·01	8/20·10	9/16·18	10/14·02	11/10·08	12/7·14	
水瓶座	1/17·04	2/13·14	3/12·00	4/8·09	5/5·16	6/1·21	6/29·03	7/26·10	8/22·19	9/19·04	10/16·13	11/12·20	12/10·02	
魚 座	1/19·08	2/15·17	3/14·04	4/10·14	5/7·22	6/4·05	7/1·10	7/28·16	8/25·00	9/21·10	10/18·20	11/15·05	12/12·12	

1973

牡羊座		1/11·00	2/7·05	3/6·13	4/2·22	4/30·08	5/27·17	6/24·01	7/21·07	8/17·12	9/13·19	10/11·03	11/7·13	12/4·23
牡牛座		1/13·04	2/9·10	3/8·16	4/5·00	5/2·10	5/29·20	6/26·06	7/23·13	8/19·18	9/16·00	10/13·08	11/9·17	12/7·04
双子座		1/15·07	2/11·13	3/10·19	4/7·01	5/4·10	5/31·21	6/28·07	7/25·16	8/21·22	9/18·04	10/15·10	11/11·19	12/9·06
蟹 座		1/17·08	2/13·16	3/12·22	4/9·03	5/6·11	6/2·20	6/30·07	7/27·17	8/24·01	9/20·07	10/17·12	11/13·20	12/11·06
獅子座		1/19·09	2/15·18	3/15·01	4/11·07	5/8·13	6/4·21	7/2·07	7/29·18	8/26·03	9/22·10	10/19·15	11/15·21	12/13·06
乙女座		1/21·11	2/17·22	3/17·06	4/13·12	5/10·17	6/7·00	7/4·09	7/31·19	8/28·05	9/24·13	10/21·19	11/18·01	12/15·07
天秤座		1/23·17	2/20·03	3/19·12	4/15·19	5/13·01	6/9·06	7/6·13	8/2·22	8/30·08	9/26·17	10/24·00	11/20·06	12/17·12
蠍 座		1/26·03	2/22·12	3/21·20	4/18·04	5/15·10	6/11·16	7/8·22	8/5·06	9/1·14	9/28·23	10/26·07	11/22·14	12/19·20
射手座	1/1·08	1/28·15	2/24·23	3/24·07	4/20·15	5/17·22	6/14·04	7/11·10	8/7·17	9/4·00	10/1·09	10/28·17	11/25·00	12/22·06
山羊座	1/3·21	1/31·04	2/27·12	3/26·20	4/23·04	5/20·11	6/16·15	7/13·23	8/10·06	9/6·13	10/3·21	10/31·05	11/27·12	12/24·19
水瓶座	1/6·08	2/2·15	3/1·23	3/29·08	4/25·16	5/22·23	6/19·05	7/16·11	8/12·18	9/9·02	10/6·10	11/2·18	11/30·01	12/27·08
魚 座	1/8·17	2/4·23	3/4·08	3/31·17	4/28·02	5/25·10	6/21·16	7/18·22	8/15·04	9/11·12	10/8·20	11/5·05	12/2·14	12/29·20

1974

牡羊座	1/1·07	1/28·13	2/24·18	3/24·01	4/20·09	5/17·18	6/14·03	7/11·10	8/7·16	9/3·22	10/1·04	10/28·12	11/24·21	12/22·06
牡牛座	1/3·14	1/30·21	2/27·02	3/26·08	4/22·16	5/20·01	6/16·11	7/13·19	8/10·02	9/6·08	10/3·14	10/30·21	11/27·06	12/24·16
双子座	1/5·17	2/2·02	3/1·08	3/28·14	4/24·20	5/22·05	6/18·15	7/16·01	8/12·09	9/8·16	10/5·21	11/2·03	11/29·12	12/26·22
蟹 座	1/7·17	2/4·04	3/3·12	3/30·18	4/26·23	5/24·07	6/20·16	7/18·03	8/14·13	9/10·21	10/8·03	11/4·08	12/1·15	12/29·01
獅子座	1/9·17	2/6·04	3/5·14	4/1·21	4/29·02	5/26·08	6/22·17	7/20·03	8/16·13	9/12·23	10/10·06	11/6·12	12/3·18	12/31·02
乙女座	1/11·17	2/8·04	3/7·15	4/3·23	5/1·05	5/28·10	6/24·17	7/22·02	8/18·13	9/14·23	10/12·08	11/8·14	12/5·20	
天秤座	1/13·19	2/10·05	3/9·16	4/6·01	5/3·09	5/30·14	6/26·20	7/24·03	8/20·13	9/16·23	10/14·09	11/10·17	12/7·23	
蠍 座	1/16·02	2/12·10	3/11·20	4/8·05	5/5·14	6/1·20	6/29·02	7/26·08	8/22·16	9/19·01	10/16·11	11/12·20	12/10·03	
射手座	1/18·12	2/14·19	3/14·03	4/10·12	5/7·21	6/4·04	7/1·10	7/28·16	8/24·23	9/21·07	10/18·16	11/15·02	12/12·10	
山羊座	1/21·01	2/17·07	3/16·15	4/12·23	5/10·07	6/6·15	7/3·21	7/31·03	8/27·09	9/23·16	10/21·01	11/17·10	12/14·18	
水瓶座	1/23·14	2/19·20	3/19·04	4/15·12	5/12·20	6/9·03	7/6·10	8/2·16	8/29·22	9/26·05	10/23·12	11/19·21	12/17·05	
魚 座	1/26·02	2/22·08	3/21·16	4/18·00	5/15·08	6/11·16	7/8·22	8/5·04	9/1·11	9/28·17	10/26·01	11/22·09	12/19·17	

1975

牡羊座		1/18·13	2/14·19	3/14·01	4/10·08	5/7·15	6/3·23	7/1·07	7/28·14	8/24·21	9/21·03	10/18·09	11/14·16	12/12·00
牡牛座		1/21·00	2/17·07	3/16·13	4/12·19	5/10·02	6/6·10	7/3·19	7/31·03	8/27·10	9/23·16	10/20·22	11/17·05	12/14·13
双子座		1/23·08	2/19·17	3/18·23	4/15·04	5/12·11	6/8·19	7/6·04	8/2·13	8/29·21	9/26·03	10/23·09	11/19·15	12/16·23
蟹 座		1/25·12	2/21·22	3/21·06	4/17·11	5/14·17	6/11·00	7/8·09	8/4·19	9/1·05	9/28·12	10/25·18	11/22·00	12/19·07
獅子座		1/27·13	2/24·00	3/23·10	4/19·16	5/16·22	6/13·04	7/10·12	8/6·22	9/3·08	9/30·17	10/28·00	11/24·06	12/21·12
乙女座	1/2·03	1/29·12	2/26·00	3/25·10	4/21·19	5/19·01	6·15·06	7/12·13	8/8·22	9/5·08	10/2·19	10/30·04	11/26·10	12/23·15
天秤座	1/4·04	1/31·12	2/27·23	3/27·10	4/23·20	5/21·03	6/17·09	7/14·14	8/10·22	9/7·08	10/4·19	11/1·05	11/28·13	12/25·18
蠍 座	1/6·09	2/2·15	3/1·00	3/29·10	4/25·21	5/23·05	6/19·12	7/16·17	8/13·00	9/9·08	10/6·18	11/3·05	11/30·05	12/27·21
射手座	1/8·16	2/4·21	3/4·04	3/31·13	4/27·23	5/25·09	6/21·17	7/18·23	8/15·04	9/11·11	10/8·20	11/5·06	12/2·17	12/30·01
山羊座	1/11·01	2/7·07	3/6·13	4/2·20	4/30·05	5/27·15	6/23·23	7/21·06	8/17·11	9/13·17	10/11·01	11/7·10	12/4·20	
水瓶座	1/13·12	2/9·18	3/9·00	4/5·07	5/2·15	5/29·23	6/26·08	7/23·15	8/19·21	9/16·03	10/13·09	11/9·17	12/7·02	
魚 座	1/16·00	2/12·07	3/11·13	4/7·19	5/5·03	6/1·11	6/28·19	7/26·02	8/22·09	9/18·15	10/15·21	11/12·04	12/9·12	

1976

牡羊座		1/8·08	2/4·16	3/2·23	3/30·06	4/26·12	5/23·18	6/20·02	7/17·10	8/13·18	9/10·01	10/7·08	11/3·14	11/30·20	12/28·04
牡牛座		1/10·21	2/7·05	3/5·12	4/1·19	4/29·01	5/26·07	6/22·14	7/19·22	8/16·06	9/12·14	10/9·20	11/6·02	12/3·09	12/30·16
双子座		1/13·08	2/9·17	3/8·01	4/4·07	5/1·13	5/28·19	6/25·03	7/22·11	8/18·19	9/15·03	10/12·09	11/8·15	12/5·22	
蟹 座		1/15·16	2/12·02	3/10·11	4/6·18	5/4·00	5/31·06	6/27·13	7/24·21	8/21·06	9/17·14	10/14·21	11/11·03	12/8·09	
獅子座		1/17·20	2/14·07	3/12·17	4/9·02	5/6·08	6/2·14	6/29·20	7/27·03	8/23·13	9/19·22	10/17·07	11/13·14	12/10·09	
乙女座		1/19·22	2/16·08	3/14·19	4/11·05	5/8·13	6/4·19	7/2·01	7/29·07	8/25·16	9/22·02	10/19·12	11/15·21	12/13·03	
天秤座		1/22·00	2/18·08	3/16·19	4/13·06	5/10·06	6/6·23	7/4·05	7/31·10	8/27·18	9/24·03	10/21·14	11/18·01	12/15·08	
蠍 座		1/24·03	2/20·09	3/18·18	4/15·05	5/12·16	6/9·01	7/6·08	8/2·13	8/29·19	9/26·04	10/23·14	11/20·02	12/17·11	
射手座		1/26·07	2/22·12	3/20·19	4/17·05	5/14·16	6/11·02	7/8·10	8/4·16	8/31·22	9/28·04	10/25·14	11/22·01	12/19·12	
山羊座	1/1·05	1/28·12	2/24·18	3/23·00	4/19·08	5/16·18	6/13·04	7/10·13	8/6·20	9/3·02	9/30·07	10/27·15	11/24·01	12/21·12	
水瓶座	1/3·12	1/30·20	2/27·02	3/25·07	4/21·14	5/18·22	6/15·08	7/12·17	8/9·01	9/5·07	10/2·13	10/29·19	11/26·04	12/23·14	
魚 座	1/5·21	2/2·05	2/29·12	3/27·18	4/23·23	5/21·06	6/17·15	7/15·00	8/11·08	9/7·15	10/4·21	11/1·03	11/28·10	12/25·19	

1977

牡羊座		1/24·12	2/20·21	3/20·05	4/16·12	5/13·18	6/10·00	7/7·07	8/3·16	8/31·01	9/27·10	10/24·17	11/20·22	12/18·04
牡牛座		1/27·00	2/23·08	3/22·16	4/18·23	5/16·05	6/12·11	7/9·18	8/6·01	9/2·10	9/29·18	10/27·02	11/23·08	12/20·14
双子座	1/2·05	1/29·13	2/25·21	3/25·05	4/21·12	5/18·18	6/15·00	7/12·06	8/8·14	9/4·21	10/2·06	10/29·13	11/25·20	12/23·02
蟹 座	1/4·16	2/1·00	2/28·09	3/27·17	4/24·00	5/21·07	6/17·13	7/14·19	8/11·02	9/7·10	10/4·18	11/1·02	11/28·08	12/25·15
獅子座	1/7·01	2/3·09	3/2·18	3/30·04	4/26·12	5/23·18	6/20·00	7/17·06	8/13·13	9/9·21	10/7·06	11/3·14	11/30·21	12/28·03
乙女座	1/9·08	2/5·15	3/5·00	4/1·10	4/28·20	5/26·04	6/22·09	7/19·15	8/15·21	9/12·06	10/9·15	11/6·00	12/3·08	12/30·14
天秤座	1/11·14	2/7·20	3/7·04	4/3·14	5/1·00	5/28·09	6/24·17	7/21·22	8/18·04	9/14·11	10/11·20	11/8·07	12/5·16	
蠍 座	1/13·18	2/9·23	3/9·06	4/5·15	5/3·01	5/30·12	6/26·21	7/24·03	8/20·09	9/16·15	10/13·23	11/10·10	12/7·21	
射手座	1/15·21	2/12·02	3/11·08	4/7·15	5/5·01	6/1·12	6/28·22	7/26·06	8/22·12	9/18·17	10/16·00	11/12·10	12/9·21	
山羊座	1/17·22	2/14·05	3/13·11	4/9·17	5/7·01	6/3·11	6/30·22	7/28·07	8/24·15	9/20·20	10/18·02	11/14·10	12/11·20	
水瓶座	1/20·00	2/16·09	3/15·15	4/11·20	5/9·03	6/5·12	7/2·22	7/30·08	8/26·17	9/22·23	10/20·05	11/16·11	12/13·20	
魚 座	1/22·05	2/18·14	3/17·21	4/14·03	5/11·09	6/7·16	7/5·01	8/1·10	8/28·20	9/25·04	10/22·09	11/18·15	12/15·22	

1978

牡羊座		1/14・12	2/10・22	3/10・08	4/6・17	5/3・23	5/31・05	6/27・11	7/24・19	8/21・05	9/17・15	10/15・00	11/11・07	12/8・13
牡牛座		1/16・21	2/13・05	3/12・14	4/8・23	5/6・07	6/2・13	6/29・18	7/27・01	8/23・09	9/19・19	10/17・04	11/13・13	12/10・19
双子座		1/19・08	2/15・15	3/15・00	4/11・09	5/8・16	6/4・23	7/2・05	7/29・11	8/25・18	9/22・02	10/19・11	11/15・20	12/13・03
蟹　座		1/21・21	2/18・04	3/17・12	4/13・20	5/11・04	6/7・11	7/4・17	7・31・22	8/28・05	9/24・13	10/21・21	11/18・05	12/15・13
獅子座		1/24・09	2/20・16	3/20・00	4/16・09	5/13・16	6/9・23	7/7・05	8/3・11	8/30・18	9/27・01	10/24・09	11/20・17	12/18・01
乙女座		1/26・20	2/23・03	3/22・11	4/18・20	5/16・04	6/12・12	7/9・18	8/6・00	9/2・06	9/29・13	10/26・22	11/23・06	12/20・14
天秤座	1/2・00	1/29・05	2/25・11	3/24・19	4/21・04	5/18・13	6/14・22	7/12・05	8/8・11	9/4・16	10/1・23	10/29・08	11/25・17	12/23・02
蠍　座	1/4・06	1/31・12	2/27・17	3/27・00	4/23・09	5/20・19	6/17・04	7/14・13	8/10・19	9/7・01	10/4・07	10/31・15	11/28・01	12/25・11
射手座	1/6・08	2/2・16	3/1・22	3/29・04	4/25・11	5/22・21	6/19・07	7/16・17	8/13・01	9/9・07	10/6・12	11/2・19	11/30・04	12/27・15
山羊座	1/8・08	2/4・18	3/4・01	3/31・06	4/27・12	5/24・21	6/21・07	7/18・18	8/15・03	9/11・10	10/8・16	11/4・22	12/2・06	12/29・16
水瓶座	1/10・07	2/6・18	3/6・03	4/2・09	4/29・15	5/26・21	6/23・06	7/20・17	8/17・03	9/13・12	10/10・19	11/7・00	12/4・07	12/31・16
魚　座	1/12・08	2/8・19	3/8・05	4/4・12	5/1・18	5/29・00	6/25・07	7/22・17	8/19・03	9/15・13	10/12・21	11/9・03	12/6・09	

1979

牡羊座		1/4・19	2/1・03	2/28・14	3/28・01	4/24・10	5/21・17	6/17・22	7/15・04	8/11・12	9/7・23	10/5・09	11/1・19	11/29・02	12/26・08
牡牛座		1/7・00	2/3・07	3/2・16	3/30・03	4/26・12	5/23・20	6/20・02	7/17・08	8/13・14	9/9・23	10/7・10	11/3・20	12/1・05	12/28・11
双子座		1/9・09	2/5・15	3/4・22	4/1・07	4/28・17	5/26・02	6/22・08	7/19・14	8/15・20	9/12・03	10/9・12	11/5・22	12/3・08	12/30・16
蟹　座		1/11・19	2/8・01	3/7・08	4/3・15	5/1・00	5/28・09	6/24・16	7/21・23	8/18・04	9/14・10	10/11・18	11/8・03	12/5・13	
獅子座		1/14・07	2/10・13	3/9・20	4/6・03	5/3・11	5/30・19	6/27・03	7/24・10	8/20・16	9/16・21	10/14・04	11/10・12	12/7・2	
乙女座		1/16・20	2/13・02	3/12・09	4/8・16	5/6・00	6/2・08	6/29・15	7/26・22	8/23・04	9/19・10	10/16・17	11/13・00	12/10・09	
天秤座		1/19・09	2/15・15	3/14・21	4/11・04	5/8・12	6/4・20	7/2・04	7/29・11	8/25・17	9/21・23	10/19・06	11/15・13	12/12・22	
蠍　座		1/21・19	2/18・01	3/17・07	4/13・13	5/10・21	6/7・06	7/4・15	7/31・23	8/28・05	9/24・11	10/21・17	11/18・00	12/15・09	
射手座		1/24・01	2/20・09	3/19・15	4/15・20	5/13・03	6/9・12	7/6・22	8/3・07	8/30・15	9/26・21	10/24・02	11/20・09	12/17・18	
山羊座		1/26・03	2/22・13	3/21・20	4/18・01	5/15・07	6/11・15	7/9・01	8/5・11	9/1・21	9/29・04	10/26・09	11/22・15	12/19・23	
水瓶座		1/28・03	2/24・14	3/23・23	4/20・05	5/17・10	6/13・17	7/11・02	8/7・12	9/3・23	10/1・08	10/28・14	11/24・20	12/22・02	
魚　座	1/2・16	1/30・02	2/26・14	3/26・00	4/22・08	5/19・13	6/15・19	7/13・02	8/9・12	9/5・23	10/3・09	10/30・17	11/26・23	12/24・05	

1980

牡羊座		1/22・14	2/18・23	3/17・10	4/13・21	5/11・06	6/7・12	7/4・18	8/1・00	8/28・08	9/24・19	10/22・06	11/18・15	15/15・22
牡牛座		1/24・17	2/21・00	3/19・09	4/15・20	5/13・06	6/9・15	7/6・21	8/3・02	8/30・09	9/26・16	10/24・05	11/20・16	12/18・01
双子座		1/26・21	2/23・03	3/21・11	4/17・21	5/15・07	6/11・16	7/9・00	8/5・05	9/1・11	9/28・18	10/26・04	11/22・15	12/20・02
蟹　座	1/1・22	1/29・04	2/25・10	3/23・16	4/20・00	5/17・10	6/13・20	7/11・04	8/7・10	9/3・16	9/30・22	10/28・06	11/24・16	12/22・0
獅子座	1/4・06	1/31・13	2/27・19	3/26・01	4/22・08	5/19・16	6/16・01	7/13・10	8/9・17	9/5・23	10/3・05	10/30・12	11/26・20	12/24・07
乙女座	1/6・17	2/3・00	3/1・07	3/28・13	4/24・19	5/22・03	6/18・11	7/15・19	8/12・03	9/8・10	10/5・15	11/1・21	11/29・05	12/26・14
天秤座	1/9・06	2/5・13	3/3・20	3/31・02	4/27・08	5/24・15	6/20・23	7/18・07	8/14・15	9/10・21	10/8・04	11/4・10	12/1・16	12/29・00
蠍　座	1/11・18	2/8・02	3/6・08	4/2・14	4/29・21	5/27・04	6/23・11	7/20・20	8/17・03	9/13・10	10/10・16	11/6・22	12/4・05	12/31・13
射手座	1/14・03	2/10・12	3/8・20	4/5・02	5/2・07	5/29・14	6/25・22	7/23・07	8/19・15	9/15・22	10/13・05	11/9・10	12/6・17	
山羊座	1/16・09	2/12・19	3/11・04	4/7・11	5/4・16	5/31・22	6/28・06	7/25・15	8/22・00	9/18・09	10/15・16	11/11・21	12/9・03	
水瓶座	1/18・12	2/14・22	3/13・09	4/9・17	5/6・23	6/3・05	6/30・11	7/27・20	8/24・06	9/20・15	10/18・00	11/14・06	12/11・12	
魚　座	1/20・13	2/16・23	3/15・10	4/11・20	5/9・04	6/5・09	7/2・15	7/29・22	8/26・08	9/22・18	10/20・05	11/16・12	12/13・18	

1981

牡羊座		1/12・04	2/8・10	3/7・19	4/4・05	5/1・16	5/29・01	6/25・07	7/22・13	8/18・19	9/15・03	10/12・13	11/9・00	12/6・09
牡牛座		1/14・07	2/10・12	3/9・19	4/6・05	5/3・16	5/31・02	6/27・10	7/24・17	8/20・22	9/17・05	10/14・14	11/11・01	12/8・12
双子座		1/16・09	2/12・15	3/11・21	4/8・05	5/5・15	6/2・02	6/29・11	7/26・19	8/23・00	9/19・06	10/16・14	11/13・00	12/10・12
蟹　座		1/18・12	2/14・19	3/14・00	4/10・07	5/7・15	6/4・02	7/1・12	7/28・21	8/25・03	9/21・09	10/18・15	11/15・00	12/12・11
獅子座		1/20・16	2/17・00	3/16・06	4/12・12	5/9・19	6/6・04	7/3・14	7/30・23	8/27・07	9/23・13	10/20・19	11/17・02	12/14・11
乙女座		1/22・23	2/19・08	3/18・14	4/14・20	5/12・02	6/8・09	7/5・06	8/2・04	8/29・13	9/25・20	10/23・01	11/19・07	12/16・15
天秤座		1/25・09	2/21・17	3/21・01	4/17・07	5/14・12	6/10・19	7/8・03	8/4・11	8/31・20	9/28・04	10/25・10	11/21・16	12/18・22
蠍　座		1/27・21	2/24・05	3/23・12	4/19・19	5/17・01	6/13・07	7/10・14	8/6・22	9/3・06	9/30・14	10/27・21	11/24・03	12/21・09
射手座	1/3・01	1/30・09	2/26・18	3/26・01	4/22・07	5/19・13	6/15・20	7/13・03	8/9・10	9/5・18	10/3・02	10/30・09	11/26・15	12/23・21
山羊座	1/5・11	2/1・20	3/1・05	3/28・13	4/24・20	5/22・01	6/18・07	7/15・14	8/11・22	9/8・07	10/5・15	11/1・22	11/29・04	12/26・10
水瓶座	1/7・16	2/4・03	3/3・13	3/30・22	4/27・06	5/24・12	6/20・18	7/18・00	8/14・08	9/10・17	10/8・02	11/4・10	12/1・16	12/28・22
魚　座	1/10・00	2/26・07	3/5・17	4/2・04	4/29・13	5/26・20	6/23・02	7/20・07	8/16・15	9/13・00	10/10・10	11/6・19	12/4・02	12/31・08

1982

牡羊座	1/2・16	1/29・21	2/26・03	3/25・12	4/21・21	5/19・07	6/15・15	7/12・22	8/9・03	9/5・09	10/2・17	10/30・02	11/26・12	12/23・21
牡牛座	1/4・20	2/1・02	2/28・08	3/27・15	4/24・00	5/21・10	6/17・20	7/15・04	8/11・10	9/7・15	10/4・22	11/1・07	11/28・18	12/26・04
双子座	1/6・22	2/3・05	3/2・11	3/29・17	4/26・01	5/23・11	6/19・22	7/17・07	8/13・14	9/9・20	10/7・02	11/3・09	11/30・20	12/28・07
蟹　座	1/8・22	2/5・07	3/4・14	3/31・19	4/28・02	5/25・11	6/21・21	7/19・08	8/15・17	9/11・23	10/9・05	11/5・11	12/2・20	12/30・07
獅子座	1/10・22	2/7・09	3/6・17	4/2・23	4/30・04	5/27・11	6/23・21	7/21・08	8/17・18	9/14・02	10/11・08	11/7・13	12/4・20	
乙女座	1/13・01	2/9・11	3/8・20	4/5・03	5/2・09	5/29・15	6/25・23	7/23・08	8/19・19	9/16・04	10/13・11	11/9・17	12/6・23	
天秤座	1/15・06	2/11・16	3/11・02	4/7・09	5/4・16	5/31・21	6/28・04	7/25・12	8/21・21	9/18・07	10/15・15	11/11・22	12/9・03	
蠍　座	1/17・16	2/14・00	3/13・09	4/9・18	5/7・00	6/3・06	6/30・12	7/27・19	8/24・03	9/20・13	10/17・21	11/14・05	12/11・11	
射手座	1/20・04	2/16・12	3/15・20	4/12・04	5/9・11	6/5・18	7/2・23	7/30・06	8/26・13	9/22・22	10/20・06	11/16・14	12/13・20	
山羊座	1/22・17	2/19・01	3/17・09	4/14・17	5/12・00	6/8・06	7/5・12	8/1・19	8/29・02	9/25・10	10/22・18	11/19・01	12/16・08	
水瓶座	1/25・05	2/21・13	3/20・21	4/17・06	5/14・13	6/10・20	7/8・01	8/4・08	8/31・15	9/27・23	10/25・07	11/21・15	12/18・22	
魚　座	1/27・14	2/23・22	3/23・07	4/19・16	5/17・06	6/13・07	7/10・13	8/6・19	9/3・02	9/30・10	10/27・19	11/24・03	12/21・10	

1983

牡羊座		1/20・03	2/15・09	3/15・15	4/11・23	5/9・07	6/5・16	7/3・00	7/30・06	8/26・12	9/22・18	10/20・01	11/16・10	12/13・18
牡牛座		1/22・12	2/18・18	3/17・23	4/13・06	5/11・15	6/8・00	7/5・09	8/1・17	8/28・23	9/25・04	10/22・11	11/18・19	12/16・05
双子座		1/24・17	2/21・00	3/20・05	4/16・11	5/13・19	6/10・05	7/7・15	8/4・00	8/31・07	9/27・12	10/24・18	11/21・02	12/18・11
蟹　座		1/26・18	2/23・04	3/22・10	4/18・15	5/15・22	6/12・07	7/9・17	8/6・03	9/2・12	9/29・18	10/27・00	11/23・06	12/20・15
獅子座	1/1・07	1/28・18	2/25・05	3/24・13	4/20・18	5/18・00	6/14・07	7/11・17	8/8・04	9/4・14	10/1・22	10/29・04	11/25・09	12/22・17
乙女座	1/3・07	1/30・16	2/27・05	3/26・14	4/22・21	5/20・03	6/16・09	7/13・17	8/10・03	9/6・14	10/3・23	10/31・07	11/27・12	12/23・21
天秤座	1/5・10	2/1・19	3/1・06	3/28・16	4/25・00	5/22・06	6/18・12	7/15・18	8/12・03	9/8・13	10/6・00	11/2・09	11/29・15	12/26・04
蠍　座	1/7・16	2/4・00	3/3・09	3/30・19	4/27・04	5/24・11	6/20・17	7/17・23	8/14・06	9/10・15	10/8・01	11/4・11	12/1・19	12/28・07
射手座	1/10・02	2/6・08	3/5・16	4/2・01	4/29・10	5/26・18	6/23・01	7/20・07	8/16・13	9/12・20	10/10・05	11/6・15	12/4・00	12/30・07
山羊座	1/12・14	2/8・21	3/8・04	4/4・12	5/1・20	5/29・04	6/25・11	7/22・17	8/18・23	9/15・06	10/12・14	11/8・23	12/6・07	
水瓶座	1/15・03	2/11・10	3/10・17	4/7・00	5/4・08	5/31・16	6/27・23	7/25・05	8/21・11	9/17・18	10/15・01	11/11・09	12/8・18	
魚　座	1/17・16	2/13・22	3/13・05	4/9・13	5/6・21	6/3・05	6/30・12	7/27・18	8/24・00	9/20・07	10/17・14	11/13・22	12/11・06	

1984

牡羊座		1/10・02	2/6・09	3/4・15	3/31・21	4/28・04	5/25・12	6/21・20	7/19・03	8/15・10	9/11・17	10/8・23	11/5・05	12/2・13	12/29・21
牡牛座		1/12・14	2/8・21	3/7・03	4/3・09	4/30・16	5/27・23	6/24・08	7/21・16	8/17・23	9/14・06	10/11・11	11/7・18	12/5・01	
双子座		1/14・22	2/11・07	3/9・13	4/5・19	5/3・01	5/30・08	6/26・17	7/24・02	8/20・11	9/16・17	10/13・23	11/10・05	12/7・12	
蟹　座		1/17・02	2/13・12	3/11・21	4/8・03	5/5・08	6/1・15	6/28・23	7/26・09	8/22・18	9/19・03	10/16・09	11/12・15	12/9・21	
獅子座		1/19・03	2/15・14	3/14・00	4/10・08	5/7・14	6/3・19	7/1・03	7/28・12	8/24・22	9/21・08	10/18・16	11/14・22	12/12・03	
乙女座		1/21・03	2/17・14	3/16・01	4/12・10	5/9・17	6/5・22	7/3・04	7/30・12	8/26・23	9/23・09	10/20・19	11/17・02	12/14・08	
天秤座		1/23・03	2/19・13	3/17・24	4/14・10	5/11・19	6/8・01	7/5・06	8/1・13	8/28・22	9/25・,09	10/22・20	11/19・04	12/16・11	
蠍　座		1/25・06	2/21・14	3/19・24	4/16・11	5/13・20	6/10・04	7/7・09	8/3・15	8/30・22	9/26・08	10/24・19	11/21・06	12/18・13	
射手座		1/27・12	2/23・18	3/22・03	4/18・13	5/15・23	6/12・07	7/9・14	8/5・19	9/2・01	9/29・10	10/26・20	11/23・07	12/20・16	
山羊座	1/2・15	1/29・21	2/26・03	3/24・10	4/20・18	5/18・04	6/14・13	7/11・20	8/8・02	9/4・08	10/1・14	10/28・23	11/25・09	12/22・19	
水瓶座	1/5・02	2/1・08	2/28・14	3/26・20	4/23・03	5/20・12	6/16・21	7/14・05	8/10・11	9/6・17	10/3・23	10/31・06	11/27・15	12/25・01	
魚　座	1/7・14	2/3・20	3/2・02	3/29・09	4/25・15	5/22・23	6/19・07	7/16・15	8/12・22	9/9・04	10/6・10	11/2・17	11/30・01	12/27・09	

1985

牡羊座		1/26・05	2/22・13	3/21・19	4/18・01	5/15・07	6/11・14	7/8・22	8/5・07	9/1・15	9/28・22	10/26・04	11/22・10	12/19・17	
牡牛座	1/1・10	1/28・18	2/25・01	3/24・08	4/20・14	5/17・20	6/14・03	7/11・11	8/7・19	9/4・02	10/1・14	10/29・09	11/24・22	12/22・05	
双子座	1/3・21	1/31・06	2/27・14	3/26・21	4/23・03	5/20・09	6/16・16	7/14・00	8/10・08	9/6・15	10/3・23	10/31・05	11/27・11	12/25・01	
蟹　座	1/6・05	2/2・04	3/2・02	3/29・08	4/25・14	5/22・20	6/19・02	7/16・10	8/12・18	9/9・11	10/6・11	11/2・18	11/29・23	12/27・09	
獅子座	1/8・10	2/4・20	3/4・06	3/31・16	4/27・23	5/25・05	6/21・11	7/18・17	8/15・02	9/11・11	10/8・21	11/5・04	12/2・10	12/29・21	
乙女座	1/10・13	2/6・22	3/6・09	4/2・19	4/30・04	5/27・11	6/23・27	7/20・22	8/17・06	9/13・16	10/11・02	11/7・11	12/4・18	12/31・22	
天秤座	1/12・16	2/8・23	3/8・09	4/4・20	5/2・06	5/29・15	6/25・21	7/23・02	8/19・09	9/15・18	10/13・04	11/9・15	12/7・00		
蠍　座	1/14・09	2/11・01	3/10・09	4/6・19	5/4・06	5/31・16	6/28・00	7/25・05	8/21・11	9/17・18	10/15・04	11/11・16	12/9・02		
射手座	1/16・23	2/13・04	3/12・10	4/8・19	5/6・06	6/2・17	6/30・02	7/27・08	8/23・14	9/19・20	10/17・04	11/13・15	12/11・02		
山羊座	1/19・30	2/15・09	3/14・15	4/10・22	5/8・07	6/4・18	7/2・03	7/29・11	8/25・17	9/21・23	10/19・06	11/15・15	12/13・02		
水瓶座	1/21・10	2/17・17	3/16・22	4/13・04	5/10・12	6/6・21	7/4・07	7/31・15	8/27・23	9/24・04	10/21・10	11/17・17	12/15・03		
魚　座	1/23・18	2/20・02	3/19・08	4/15・14	5/12・20	6/9・04	7/6・13	8/2・22	8/30・05	9/26・12	10/23・17	11/20・00	12/17・08		

1986

牡羊座		1/16・01	2/12・10	3/11・19	4/8・02	5/5・08	6/1・14	6/28・21	7/26・05	8/22・14	9/19・00	10/16・07	11/12・13	12/9・19	
牡牛座		1/18・12	2/14・21	3/14・05	4/10・13	5/7・19	6/4・01	7/1・07	7/28・14	8/24・23	9/21・07	10/18・16	11/14・22	12/12・04	
双子座		1/21・01	2/17・09	3/16・17	4/13・01	5/10・07	6/6・13	7/3・20	7/31・02	8/27・10	9/23・18	10/21・02	11/17・09	12/14・16	
蟹　座		1/23・13	2/19・22	3/19・06	4/15・14	5/12・20	6/9・02	7/6・08	8/2・15	8/29・23	9/26・07	10/23・15	11/19・22	12/17・04	
獅子座		1/25・23	2/22・07	3/21・17	4/18・01	5/15・08	6/11・14	7/8・20	8/5・02	9/1・10	9/28・19	10/26・03	11/22・10	12/19・17	
乙女座		1/28・06	2/24・14	3/24・00	4/20・09	5/17・18	6/14・00	7/11・06	8/7・12	9/3・19	10/1・04	10/28・13	11/24・22	12/22・04	
天秤座	1/3・06	1/30・11	2/26・18	3/26・03	4/22・14	5/20・00	6/16・08	7/13・14	8/9・19	9/6・02	10/3・10	10/30・20	11/27・06	12/24・14	
蠍　座	1/5・10	2/1・15	2/28・21	3/28・05	4/24・15	5/22・02	6/18・12	7/15・19	8/12・01	9/8・06	10/5・14	11/1・23	11/29・10	12/26・20	
射手座	1/7・12	2/3・19	3/3・00	3/30・06	4/26・15	5/24・02	6/20・13	7/17・22	8/14・04	9/10・10	10/7・16	11/4・00	12/1・11	12/28・22	
山羊座	1/9・13	2/5・21	3/5・03	4/1・08	4/28・16	5/26・01	6/22・12	7/19・22	8/16・06	9/12・12	10/9・18	11/6・01	12/3・10	12/30・22	
水瓶座	1/11・14	2/8・00	3/7・07	4/3・12	4/30・18	5/28・02	6/24・12	7/21・22	8/18・08	9/14・15	10/11・21	11/8・02	12/5・10		
魚　座	1/13・18	2/10・04	3/9・12	4/5・18	5/2・23	5/30・06	6/26・14	7/24・00	8/20・10	9/16・18	10/14・01	11/10・06	12/7・13		

1987

牡羊座		1/6・02	2/2・11	3/1・22	3/29・07	4/25・15	5/22・20	6/19・02	7/16・09	8/12・18	9/9・05	10/6・15	11/2・23	11/30・05	12/27・10
牡牛座		1/8・10	2/4・18	3/4・03	3/31・13	4/27・21	5/25・04	6/21・09	7/18・15	8/14・23	9/11・08	10/8・18	11/5・03	12/2・10	12/29・16
双子座		1/10・22	2/7・04	3/6・12	4/2・21	4/30・06	5/27・13	6/23・19	7/21・00	8/17・07	9/13・15	10/11・00	11/7・09	12/4・17	12/31・23
蟹　座		1/13・10	2/9・17	3/9・00	4/5・09	5/2・17	5/30・00	6/26・06	7/23・12	8/19・18	9/16・01	10/13・10	11/9・18	12/7・02	
獅子座		1/15・23	2/12・05	3/11・13	4/7・21	5/5・05	6/1・12	6/28・19	7/26・01	8/22・07	9/18・14	10/15・22	11/12・06	12/9・14	
乙女座		1/18・10	2/14・16	3/14・00	4/10・08	5/7・17	6/4・01	7/1・08	7/28・13	8/24・19	9/21・02	10/18・10	11/14・18	12/12・02	
天秤座		1/20・20	2/17・02	3/16・09	4/12・17	5/10・02	6/6・11	7/3・19	7/31・01	8/27・07	9/23・13	10/20・21	11/17・06	12/14・15	
蠍　座		1/23・03	2/19・09	3/18・15	4/14・23	5/12・08	6/8・18	7/6・03	8/2・10	8/29・16	9/25・21	10/23・05	11/19・14	12/17・00	
射手座		1/25・08	2/21・14	3/20・20	4/17・02	5/14・11	6/10・21	7/8・07	8/4・16	8/31・22	9/28・04	10/25・10	11/21・18	12/19・05	
山羊座		1/27・09	2/23・17	3/22・23	4/19・04	5/16・12	6/12・21	7/10・08	8/6・18	9/3・02	9/30・08	10/27・14	11/23・21	12/21・06	
水瓶座	1/1・21	1/29・08	2/25・18	3/25・01	4/21・07	5/18・13	6/14・21	7/12・07	8/8・18	9/5・03	10/2・11	10/29・16	11/25・22	12/23・06	
魚　座	1/3・22	1/31・08	2/27・19	3/27・04	4/23・10	5/20・15	6/16・22	7/14・07	8/10・17	9/7・04	10/4・13	10/31・19	11/28・01	12/25・07	

1988

牡羊座		1/23・18	2/20・04	3/18・15	4/15・01	5/12・08	6/8・14	7/5・20	8/2・01	8/29・12	9/25・23	10/23・10	11/19・18	12/17・00	
牡牛座		1/25・22	2/22・06	3/20・16	4/17・03	5/14・11	6/10・18	7/7・23	8/4・05	8/31・13	9/27・23	10/25・10	11/21・20	12/19・03	
双子座		1/28・05	2/24・12	3/22・20	4/19・06	5/16・16	6/12・23	7/10・05	8/6・11	9/2・17	9/30・02	10/27・12	11/23・22	12/21・07	
蟹　座	1/3・09	1/30・15	2/26・21	3/25・04	4/21・13	5/18・22	6/15・06	7/12・13	8/8・19	9/5・01	10/2・08	10/29・16	11/26・02	12/23・12	
獅子座	1/5・21	2/2・03	2/29・09	3/27・16	4/24・00	5/21・08	6/17・16	7/14・23	8/11・05	9/7・11	10/4・18	11/1・01	11/28・10	12/25・19	
乙女座	1/8・10	2/4・16	3/2・22	3/30・05	4/26・12	5/23・20	6/20・04	7/17・11	8/13・18	9/10・00	10/7・06	11/3・13	11/30・21	12/28・05	
天秤座	1/10・22	2/7・05	3/5・11	4/1・17	4/29・01	5/26・09	6/22・17	7/20・00	8/16・07	9/12・13	10/9・19	11/6・02	12/3・10	12/30・18	
蠍　座	1/13・09	2/9・16	3/7・21	4/4・03	5/1・11	5/28・19	6/25・04	7/22・12	8/18・19	9/15・01	10/12・07	11/8・14	12/5・22		
射手座	1/15・15	2/12・00	3/10・06	4/6・11	5/3・18	5/31・02	6/27・11	7/24・21	8/21・05	9/17・11	10/14・17	11/10・23	12/8・07		
山羊座	1/17・17	2/14・04	3/12・12	4/8・17	5/5・23	6/2・06	6/29・15	7/27・01	8/23・11	9/19・19	10/17・01	11/13・06	12/10・13		
水瓶座	1/19・17	2/16・04	3/14・14	4/10・21	5/8・03	6/4・09	7/1・16	7/29・02	8/25・13	9/21・23	10/19・06	11/15・12	12/12・17		
魚　座	1/21・16	2/18・04	3/16・15	4/12・23	5/10・06	6/6・11	7/3・18	7/31・02	8/27・13	9/24・00	10/21・09	11/17・16	12/14・21		

1989

牡羊座		1/13・06	2/9・13	3/9・00	4/5・11	5/2・21	5/30・04	6/26・10	7/23・16	8/19・23	9/16・09	10/13・20	11/10・06	12/7・14	
牡牛座		1/15・09	2/11・15	3/10・23	4/7・10	5/4・21	6/1・06	6/28・13	7/25・18	8/22・00	9/18・08	10/15・19	11/12・06	12/9・16	
双子座		1/17・13	2/13・18	3/13・01	4/9・11	5/6・21	6/3・07	6/30・15	7/27・21	8/24・03	9/20・09	10/17・18	11/14・05	12/11・16	
蟹　座		1/19・19	2/16・01	3/15・06	4/11・14	5/8・23	6/5・09	7/2・18	7/30・02	8/26・07	9/22・13	10/19・20	11/16・06	12/13・17	
獅子座		1/22・03	2/18・10	3/17・15	4/13・22	5/11・05	6/7・14	7/5・00	8/1・08	8/28・14	9/24・20	10/22・02	11/18・10	12/15・20	
乙女座		1/24・14	2/20・21	3/20・03	4/16・09	5/13・15	6/9・23	7/7・08	8/3・16	8/30・23	9/27・06	10/24・11	11/20・18	12/18・02	
天秤座		1/27・02	2/33・09	3/22・15	4/18・22	5/16・04	6/12・12	7/9・19	8/6・03	9/2・11	9/29・17	10/26・23	11/23・05	12/20・13	
蠍　座	1/2・07	1/29・15	2/25・22	3/25・04	4/21・10	5/18・17	6/15・00	7/12・08	8/8・16	9/4・23	10/2・06	10/29・12	11/25・18	12/23・01	
射手座	1/4・16	2/1・01	2/28・09	3/27・16	4/23・22	5/21・04	6/17・11	7/14・20	8/11・04	9/7・12	10/4・18	11/1・00	11/28・06	12/25・14	
山羊座	1/6・22	2/3・08	3/2・18	3/30・01	4/26・07	5/23・13	6/19・20	7/17・04	8/13・13	9/9・22	10/7・06	11/3・12	11/30・17	12/28・00	
水瓶座	1/9・02	2/5・12	3/4・23	4/1・08	4/28・15	5/25・20	6/22・02	7/19・10	8/15・19	9/12・05	10/9・14	11/5・21	12/3・03	12/30・09	
魚　座	1/11・04	2/7・13	3/7・00	4/3・11	4/30・19	5/28・01	6/24・07	7/21・13	8/17・22	9/14・08	10/11・19	11/8・03	12/5・10		

1990

牡羊座		1/3・20	1/31・02	2/27・10	3/26・20	4/23・06	5/20・16	6/16・23	7/14・05	8/10・11	9/6・18	10/4・03	10/31・14	11/28・00	12/25・07
牡牛座		1/6・00	2/2・05	3/1・11	3/28・20	4/25・07	5/22・17	6/19・02	7/16・09	8/12・14	9/8・20	10/6・05	11/2・15	11/30・02	12/27・12
双子座		1/8・02	2/4・08	3/3・13	3/30・20	4/27・06	5/24・16	6/21・03	7/18・11	8/14・17	9/10・23	10/8・05	11/4・15	12/2・02	12/29・13
蟹　座		1/10・03	2/6・11	3/5・17	4/1・22	4/29・06	5/26・16	6/23・03	7/20・12	8/16・20	9/13・01	10/10・07	11/6・15	12/4・01	12/31・13
獅子座		1/12・07	2/8・15	3/7・22	4/4・03	5/1・10	5/28・18	6/25・04	7/22・14	8/18・23	9/15・05	10/12・11	11/8・17	12/6・01	
乙女座		1/14・12	2/10・22	3/10・05	4/6・11	5/3・17	5/31・00	6/27・08	7/24・18	8/21・03	9/17・11	10/14・17	11/10・22	12/8・05	
天秤座		1/16・22	2/13・07	3/12・15	4/8・21	5/6・03	6/2・09	6/29・16	7/27・01	8/23・10	9/19・18	10/17・01	11/13・07	12/10・12	
蠍　座		1/19・10	2/15・18	3/15・02	4/11・09	5/8・15	6/4・21	7/2・04	7/29・11	8/25・19	9/22・04	10/19・11	11/15・17	12/12・23	
射手座		1/21・22	2/18・07	3/17・14	4/13・21	5/11・03	6/7・09	7/4・16	7/31・23	8/28・07	9/24・15	10/21・23	11/18・05	12/15・11	
山羊座		1/24・09	2/20・18	3/20・03	4/16・10	5/13・16	6/9・22	7/7・04	8/3・12	8/30・20	9/27・04	10/24・12	11/20・18	12/18・00	
水瓶座		1/26・17	2/23・02	3/22・12	4/18・20	5/16・03	6/12・09	7/9・15	8/5・22	9/2・06	9/29・15	10/27・00	11/23・07	12/20・12	
魚　座	1/1・16	1/28・22	2/25・07	3/24・18	4/21・03	5/18・11	6/14・17	7/11・23	8/8・05	9/4・14	10/1・23	10/29・09	11/25・17	12/22・23	

1991

牡羊座		1/21・13	2/17・19	3/17・02	4/13・11	5/10・21	6/7・06	7/4・13	7/31・19	8/28・01	9/24・07	10/21・16	11/18・02	12/15・11	
牡牛座		1/23・18	2/20・00	3/19・06	4/15・15	5/13・01	6/9・11	7/6・19	8/3・02	8/30・07	9/26・13	10/23・21	11/20・07	12/17・18	
双子座		1/25・22	2/22・04	3/21・09	4/17・16	5/15・02	6/11・12	7/8・22	8/5・06	9/1・13	9/28・18	10/26・01	11/22・10	12/19・21	
蟹　座		1/27・23	2/24・06	3/23・12	4/19・18	5/17・02	6/13・12	7/10・23	8/7・08	9/3・16	9/30・21	10/28・03	11/24・11	12/21・21	
獅子座	1/2・12	1/30・00	2/26・09	3/25・15	4/21・21	5/19・03	6/15・12	7/12・22	8/9・09	9/5・18	10/3・00	10/30・06	11/26・12	12/23・21	
乙女座	1/4・14	2/1・01	2/28・11	3/27・19	4/24・01	5/21・06	6/17・14	7/14・23	8/11・09	9/7・19	10/5・03	11/1・09	11/28・15	12/25・22	
天秤座	1/6・18	2/3・06	3/2・16	3/30・00	4/26・07	5/23・13	6/19・19	7/17・02	8/13・11	9/9・21	10/7・06	11/3・14	11/30・19	12/28・01	
蠍　座	1/9・05	2/5・14	3/4・23	4/1・08	4/28・15	5/25・21	6/22・03	7/19・09	8/15・17	9/12・02	10/9・11	11/5・20	12/3・02	12/30・08	
射手座	1/11・18	2/8・01	3/7・09	4/3・17	5/1・01	5/28・08	6/24・14	7/21・20	8/18・03	9/14・11	10/11・19	11/8・04	12/5・11		
山羊座	1/14・06	2/10・14	3/9・22	4/6・06	5/3・13	5/30・20	6/27・02	7/24・08	8/20・15	9/16・23	10/14・07	11/10・15	12/7・22		
水瓶座	1/16・19	2/13・02	3/12・10	4/8・18	5/6・02	6/2・09	6/29・15	7/26・21	8/23・04	9/19・11	10/16・20	11/13・04	12/10・11		
魚　座	1/19・05	2/15・11	3/14・20	4/11・05	5/8・14	6/4・21	7/2・03	7/29・09	8/25・15	9/21・23	10/19・07	11/15・16	12/13・00		

1992

牡羊座		1/11・18	2/7・00	3/6・06	4/2・13	4/29・21	5/27・05	6/23・14	7/20・21	8/17・03	9/13・09	10/10・15	11/6・23	12/4・07	12/31・16
牡牛座		1/14・02	2/10・09	3/8・15	4/4・21	5/2・05	5/29・14	6/25・23	7/23・07	8/19・14	9/15・19	10/13・01	11/9・09	12/6・18	
双子座		1/16・07	2/12・16	3/10・22	4/7・03	5/4・10	5/31・19	6/28・05	7/25・14	8/21・22	9/18・04	10/15・10	11/11・16	12/9・01	
蟹　座		1/18・09	2/14・19	3/13・02	4/9・08	5/6・14	6/2・21	6/30・07	7/27・18	8/24・03	9/20・10	10/17・16	11/13・22	12/11・06	
獅子座		1/20・08	2/16・20	3/15・05	4/11・11	5/8・17	6/4・23	7/2・08	7/29・18	8/26・05	9/22・14	10/19・21	11/16・02	12/13・08	
乙女座		1/22・08	2/18・19	3/17・06	4/13・14	5/10・19	6/7・01	7/4・08	7/31・18	8/28・04	9/24・15	10/21・23	11/18・05	12/15・10	
天秤座		1/24・09	2/20・20	3/19・06	4/15・16	5/12・23	6/9・04	7/6・10	8/2・18	8/30・04	9/26・14	10/24・00	11/20・08	12/17・13	
蠍　座		1/26・14	2/22・23	3/21・09	4/17・19	5/15・03	6/11・09	7/8・14	8/4・21	9/1・05	9/28・15	10/26・02	11/22・10	12/19・17	
射手座	1/1・17	1/28・23	2/25・06	3/23・15	4/20・00	5/17・09	6/13・16	7/10・22	8/7・03	9/3・10	9/30・19	10/28・05	11/24・15	12/21・22	
山羊座	1/4・05	1/31・11	2/27・17	3/26・01	4/22・09	5/19・18	6/16・01	7/13・08	8/9・13	9/5・20	10/3・03	10/30・12	11/26・21	12/24・06	
水瓶座	1/6・17	2/3・00	3/1・06	3/28・13	4/24・21	5/22・05	6/18・13	7/15・20	8/12・02	9/8・08	10/5・14	11/1・22	11/29・07	12/26・15	
魚　座	1/9・06	2/5・12	3/3・19	3/31・02	4/27・10	5/24・18	6/21・01	7/18・08	8/14・14	9/10・20	10/8・03	11/4・11	12/1・19	12/29・03	

1993

牡羊座		1/27・23	2/24・05	3/23・11	4/19・18	5/17・01	6/13・09	7/10・17	8/7・00	9/3・07	9/30・13	10/27・19	11/24・02	12/21・10	
牡牛座	1/3・03	1/30・11	2/26・18	3/25・23	4/22・06	5/19・13	6/15・21	7/13・05	8/9・13	9/5・20	10/3・02	10/30・08	11/26・15	12/23・23	
双子座	1/5・11	2/1・21	3/1・04	3/28・10	4/24・16	5/21・23	6/18・07	7/15・16	8/12・00	9/8・08	10/5・14	11/1・20	11/29・02	12/26・10	
蟹　座	1/7・16	2/4・02	3/3・12	3/30・19	4/27・00	5/24・06	6/20・14	7/17・23	8/14・08	9/10・17	10/8・00	11/4・06	12/1・12	12/28・19	
獅子座	1/9・17	2/6・04	3/5・15	4/2・00	4/29・06	5/26・12	6/22・18	7/20・02	8/16・12	9/12・22	10/10・07	11/6・14	12/3・19	12/31・01	
乙女座	1/11・18	2/8・04	3/7・15	4/4・02	5/1・09	5/28・15	6/24・21	7/22・04	8/18・13	9/15・00	10/12・10	11/8・18	12/6・00		
天秤座	1/13・19	2/10・03	3/9・14	4/6・01	5/3・11	5/30・18	6/26・23	7/24・05	8/20・13	9/16・23	10/14・10	11/10・20	12/8・04		
蠍　座	1/15・22	2/12・05	3/11・14	4/8・01	5/5・11	6/1・20	6/29・02	7/26・07	8/22・14	9/18・23	10/16・10	11/12・20	12/10・06		
射手座	1/18・04	2/14・10	3/13・17	4/10・03	5/7・13	6/3・23	7/1・06	7/28・12	8/24・17	9/21・00	10/18・10	11/14・21	12/12・07		
山羊座	1/20・12	2/16・18	3/16・00	4/12・08	5/9・17	6/6・03	7/3・11	7/30・18	8/26・23	9/23・05	10/20・13	11/16・23	12/14・10		
水瓶座	1/22・22	2/19・05	3/18・10	4/14・17	5/12・01	6/8・10	7/5・19	8/2・02	8/29・08	9/25・14	10/22・20	11/19・05	12/16・14		
魚　座	1/25・10	2/21・17	3/20・23	4/17・05	5/14・12	6/10・20	7/8・05	8/4・12	8/31・19	9/28・01	10/25・07	11/21・14	12/18・22		

1994

牡羊座		1/17・18	2/14・02	3/13・09	4/9・16	5/6・22	6/3・04	6/30・12	7/27・20	8/24・04	9/20・12	10/17・18	11/14・00	12/11・07	
牡牛座		1/20・07	2/16・15	3/15・22	4/12・04	5/9・10	6/5・17	7/3・00	7/30・08	8/26・16	9/22・23	10/20・06	11/16・12	12/13・18	
双子座		1/22・19	2/19・04	3/18・11	4/14・17	5/11・23	6/8・06	7/5・13	8/1・21	8/29・05	9/25・12	10/22・19	11/19・01	12/16・07	
蟹　座		1/25・04	2/21・14	3/20・22	4/17・05	5/14・11	6/10・17	7/8・00	8/4・08	8/31・16	9/28・01	10/25・08	11/21・14	12/18・20	
獅子座		1/27・10	2/23・20	3/23・06	4/19・14	5/16・20	6/13・02	7/10・08	8/6・16	9/3・01	9/30・10	10/27・19	11/24・01	12/21・07	
乙女座	1/2・06	1/29・13	2/25・23	3/25・10	4/21・19	5/19・03	6/15・09	7/12・14	8/8・21	9/5・06	10/2・16	10/30・02	11/26・10	12/23・16	
天秤座	1/4・09	1/31・15	2/28・00	3/27・10	4/23・21	5/21・06	6/17・13	7/14・19	8/11・01	9/7・08	10/4・18	11/1・05	11/28・15	12/25・22	
蠍　座	1/6・12	2/2・17	3/2・00	3/29・10	4/25・21	5/23・07	6/19・16	7/16・22	8/13・03	9/9・10	10/6・19	11/3・06	11/30・17	12/28・02	
射手座	1/8・15	2/4・21	3/4・02	3/31・10	4/27・20	5/25・07	6/21・17	7/19・01	8/15・06	9/11・12	10/8・19	11/5・05	12/2・17	12/30・03	
山羊座	1/10・19	2/7・02	3/6・07	4/2・13	4/29・22	5/27・08	6/23・18	7/21・03	8/17・10	9/13・15	10/10・21	11/7・06	12/4・16		
水瓶座	1/13・00	2/9・08	3/8・14	4/4・19	5/2・02	5/29・11	6/25・21	7/23・06	8/19・14	9/15・20	10/13・02	11/9・08	12/6・17		
魚　座	1/15・08	2/11・16	3/10・23	4/7・04	5/4・10	5/31・18	6/28・02	7/25・11	8/21・20	9/18・03	10/15・09	11/11・15	12/8・22		

1995

牡羊座		1/7・14	2/4・00	3/3・09	3/30・17	4/26・23	5/24・05	6/20・11	7/17・19	8/14・04	9/10・14	10/7・22	11/4・05	12/1・10	12/28・17
牡牛座		1/10・01	2/6・10	3/5・18	4/2・02	4/29・09	5/26・15	6/22・21	7/20・04	8/16・12	9/12・21	10/10・06	11/6・13	12/2・19	
双子座		1/12・14	2/8・22	3/8・06	4/4・14	5/1・21	5/29・04	6/25・10	7/22・16	8/18・23	9/15・07	10/12・16	11/8・23	12/6・06	
蟹　座		1/15・03	2/11・11	3/10・19	4/7・03	5/4・10	5/31・16	6/27・22	7/25・05	8/21・12	9/17・20	10/15・04	11/11・11	12/8・18	
獅子座		1/17・13	2/13・21	3/13・06	4/9・15	5/6・22	6/3・05	6/30・11	7/27・17	8/24・00	9/20・08	10/17・16	11/14・00	12/11・07	
乙女座		1/19・21	2/16・04	3/15・13	4/11・23	5/9・08	6/5・15	7/2・21	7/30・03	8/26・09	9/22・18	10/20・03	11/16・12	12/13・19	
天秤座		1/22・03	2/18・09	3/17・18	4/14・04	5/11・14	6/7・23	7/5・05	8/1・11	8/28・17	9/25・00	10/22・10	11/18・20	12/16・05	
蠍　座		1/24・08	2/20・13	3/19・20	4/16・06	5/13・16	6/10・03	7/7・11	8/3・17	8/30・22	9/27・05	10/24・14	11/21・00	12/18・11	
射手座		1/26・11	2/22・17	3/21・22	4/18・06	5/15・16	6/12・03	7/9・13	8/5・21	9/2・02	9/29・08	10/26・15	11/23・01	12/20・13	
山羊座	1/1・03	1/28・13	2/24・20	3/24・01	4/20・07	5/17・16	6/14・03	7/11・13	8/7・22	9/4・05	10/1・11	10/28・17	11/25・01	12/22・12	
水瓶座	1/3・04	1/30・15	2/26・23	3/26・05	4/22・10	5/19・17	6/16・02	7/13・13	8/9・23	9/6・07	10/3・13	10/30・19	11/27・02	12/24・11	
魚　座	1/5・07	2/1・18	3/1・03	3/28・10	4/24・15	5/21・21	6/18・05	7/15・14	8/12・00	9/8・10	10/5・17	11/1・23	11/29・04	12/26・12	

おわりに

すごい引き寄せ！　研究会メンバーの決意

Ａ子

がつんと引き寄せたいと思っているのに、なかなかできなかったＡ子さん。

「私の引き寄せには、覚悟が足りなかったわ！」ということで、龍の背中に乗ることを決意！

目標は高く、高く、龍とともに、「世のため、人のため、そして自分のために」。

命を輝かせる覚悟をしたもようです。

イラストレーション＝いいあい

B美

引き寄せの知識は、すでに十分だったB美さん。

いい線いってるけど、自分ではあともう一歩感を拭えずに歯がゆい思いをしていたそう。

「私の引き寄せは、せっかくアファメーションしてもどうせダメだって思うことが多かったし、〝決める力〟も足りなかったわ」

ということで、神社に宣言をしにいくことを決意！

ビシッと礼服を着て、参道の端を歩き、マナーもばっちり。

神様にひいきしてもらえるよう、決意あらたに、自分の理想を追求していくもようです。

C代

なんとなく「すごい引き寄せ！研究会」に加わっていたお人好しのC代さん。

「思考は現実化する」が信じられない典型的な人でした。

でも、

「私、引き寄せを難しく考えすぎていたみたい！　もっと素直に自分のやりたいこと、欲しいものを表明して意識することから始めてみようかな」

ということで、手帳に願望をリストアップしたり、未来設定を書くことにしたようです。


今、自分の思わぬ願望に気づき、うれし、はずかし、ワクワクしているC代さん。

引き寄せは、自分を見直すよいチャンス。可能性を広げてくれるものと気づいたもようです。

皆さん、すごい引き寄せ！大特集を楽しんでいただけたでしょうか？

すごい引き寄せ！研究家の面々も、さらなる気付きを得て、引き寄せ熱を高めているようです。

どのメソッドにも、それぞれのよさがあります。あなたとの相性もあるでしょう。

最後に、選ぶ際のポイントをひとつだけお伝えするとしたら、「楽しくできるものを選んでください！」ということです。

楽しいことは、楽しいことを引き寄せてくれます。くれぐれも、眉間にしわを寄せて、必死モードにならないでくださいね。

自分の望む人生は、自分だけしか思い描くことができません。あなたの未来は自由。あなたは思い通りに幸せになる権利があります。

遠慮なく豊かに引き寄せていきましょう！

どんどん引き寄せて
今年はもっと幸せに
なりましょ！

すごい引き寄せ！研究会

すごい引き寄せ！研究会とは、
引き寄せの法則、開運法、
占いについて研鑽を積み、
日々運気の向上に勤しむ会です。

STAFF
構成＆ライター　林美穂
デザイン　中島基文
執筆協力　加茂直美
DTP　アイ・ハブ
編集　入江弘子

願いが叶う！ 人生が変わる！
「引き寄せの法則」

2017年1月14日　第1刷発行

著　者　すごい引き寄せ！研究会
発行人　蓮見清一
発行所　株式会社宝島社
〒102-8388 東京都千代田区一番町25番地
営業：03-3234-4621
編集：03-3239-0928
http://tkj.jp

印刷・製本　株式会社リーブルテック

ISBN978-4-8002-6566-1